Wetterfest und robust!

Für die Innenseiten dieses Buches haben wir uns etwas Besonderes einfallen lassen. Die Seiten bestehen aus hochwertigem Landkartenpapier, welches mit einer robusten und wasserabweisenden Beschichtung versehen wurde. Somit übersteht es unbeschadet auch mal ein Regenwetter.
Bitte beachten Sie: wetterfest und wasserabweisend bedeutet nicht wasserfest! Die Seiten sind gut gegen Spritzwasser geschützt und kleben, wenn sie feucht werden, nicht aneinander. Dennoch darf das Buch nicht komplett durchnässt werden. Bitte verwenden Sie bei Dauerregen zusätzlich einen Regenschutz.

bikeline®-Radtourenbuch Donau-Radweg 1
© 1993-2015 **Verlag Esterbauer GmbH**
A-3751 Rodingersdorf, Hauptstr. 31
Tel.: +43/2983/28982-0, Fax: -500
E-Mail: bikeline@esterbauer.com
www.esterbauer.com
21., überarbeitete Auflage 2015
ISBN: 978-3-85000-624-8

Bitte geben Sie bei jeder Korrespondenz die Auflage und die ISBN an!

Dank an alle, die uns bei der Erstellung dieses Buches tatkräftig unterstützt haben, s. S. 157
Das *bikeline*-Team: Birgit Albrecht-Walzer, Beatrix Bauer, Markus Belz, Michael Bernhard, Michael Binder, Veronika Bock, Petra Bruckmüller, Roland Esterbauer, Dagmar Güldenpfennig, Birgit Hochwimmer, Tobias Klein, Martina Kreindl, Marion Löffler, Eveline Müllauer, Gregor Münch, Karin Neichsner, Carmen Paradeiser, Sabrina Pusch, Claudia Retzer, Christian Schlechte, Martin Wischin, Wolfgang Zangerl

Umschlagbilder: Bild groß: © Wolfgang Zwanzger - Fotolia.com; Bild klein oben: © shorty25 - Fotolia.com; Bild klein unten: © Mikhail Markovskiy - Fotolia.com

Bildnachweis: Archiv: 46, 52, 64, 128; Birgit Albrecht-Walzer: 79; Baden-Württemberg Tourismus-Marketing: 60; Bürgermeisteramt Inzigkofen: 31; Fremdenverkehrsverein /Tourist-Information Donauwörth: 82; FVV Ostbayern: 124, 128; Gemeinde Immendingen: 20; Gemeinde Obermarchtal: 44; Gemeindeverwaltungsverband Donau-Heuberg: 27; Gaby Sipöcz: 30, 92, 94, 98; Hundersingen: 39; Ingolstadt Tourismus und Kongress GmbH – Tanja Lehner: 90; Landratsamt Regensburg: 112; Passau Tourismus e.V.: 136; Roland Esterbauer: 18, 22, 28; Regensburg Tourismus GmbH: 106, 107, 108, 112; Schloss Kalteneck: 80; Stadt Donaueschingen: 17, 18; Stadt Ehingen: 48; Stadt Erbach/Donau: 56; Stadt Günzburg: 68; Stadt Kelheim: 96, 100, 101; Stadt Kelheim, Verena Lindner: 100; Stadt Mühlheim an der Donau: 26; Stadt Neuburg a. d. Donau: 86; Stadt Neuburg an der Donau: 84; Stadt Tuttlingen: 24; Stadt Tuttlingen/Frau Franzese: 22; Stadtverwaltung Dillingen: 74; Stadtverwaltung Mengen: 36, 38; Stadtverwaltung Riedlingen: 42; TI Sigmaringen, Achim Mende: 32; Tourismus-Marketing GmbH Baden-Württemberg/TMBW: 61; Verwaltungsgemeinschaft Höchstädt a. d. Donau: 76

bikeline® ist ein eingetragenes Warenzeichen. Alle Daten wurden gründlich recherchiert und überprüft. Erfahrungsgemäß kann es jedoch nach Drucklegung noch zu inhaltlichen und sachlichen Änderungen kommen. Alle Angaben ohne Gewähr. Alle Rechte vorbehalten. Kein Teil dieses Buches darf in irgendeiner Form ohne schriftliche Genehmigung des Verlages reproduziert oder unter Verwendung elektronischer Systeme verarbeitet, vervielfältigt oder verbreitet werden.
Kartografie erstellt mit
(www.axes-systems.com)

Updates GPS-Track

Updates und GPS-Tracks zu diesem Buch erhalten Sie nach Registrierung im Internet unter:
www.esterbauer.com

Produktcode: 624-21Df-6GH5

Dieses Buch wird empfohlen von:

bikeline

Was ist bikeline?

Wir sind ein Team von Redakteuren, Kartografen, Geografen und anderen Mitarbeitern, die allesamt begeisterte Radfahrerinnen und Radfahrer sind. Ins „Rollen" gebracht hat das Projekt 1987 eine Wiener Radinitiative, die begonnen hat, Radkarten zu produzieren. Heute tun wir dies als Verlag mit großem Erfolg. Mittlerweile gibt's bikeline® und cycline® Bücher in fünf Sprachen und in vielen Ländern Europas.

Um unsere Bücher immer auf dem letzten Stand zu halten, brauchen wir auch Ihre Hilfe. Schreiben Sie uns, wenn Sie Unstimmigkeiten oder Änderungen in einem unserer Bücher entdeckt haben.

Wir freuen uns auf Ihre Rückmeldung (redaktion@esterbauer.com),

Ihre bikeline-Redaktion

Vorwort

Die Landstriche entlang der deutschen Donau gehören zu den schönsten Flusslandschaften des Kontinents. Neben zahlreichen unberührten Augebieten locken auch viele kulturelle Sehenswürdigkeiten, vor allem der Barock hat seine pompösen Spuren hinterlassen. Das Gebiet an der jungen Donau eignet sich wunderbar zum Radfahren, da Sie hier noch Ruhe und Beschaulichkeit finden. In den letzten Jahren wurden die alten Uferwege für den Radverkehr wiederentdeckt und großteils asphaltiert. Die Route verläuft fast durchgehend eben auf ruhigen Straßen und ist somit ausgesprochen familienfreundlich.

Präzise Karten, genaue Streckenbeschreibungen, zahlreiche Stadt- und Ortspläne, Hinweise auf das kulturelle und touristische Angebot der Region und ein umfangreiches Übernachtungsverzeichnis – in diesem Buch finden Sie alles, was Sie zu einer Radtour entlang der deutschen Donau brauchen – außer gutem Radlwetter, das können wir Ihnen nur wünschen.

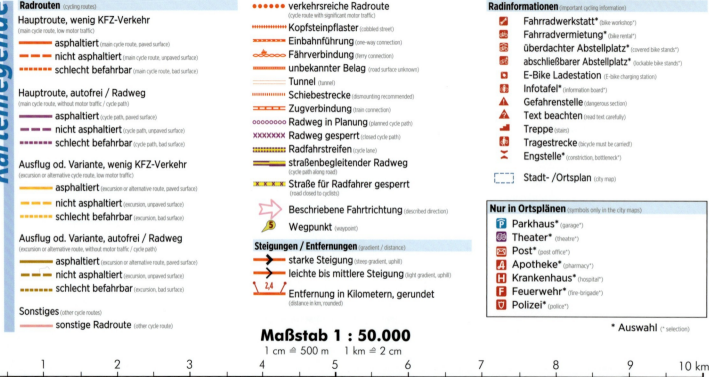

Sehenswertes / Einrichtungen (sights of interest / facilities)

- Kirche; Kapelle (church; chapel)
- Kloster (monastery/convent)
- Synagoge; Moschee (synagogue; mosque)
- Schloss, Burg; Ruine (palace, castle; ruin)
- Turm; Leuchtturm (tower; lighthouse)
- Wassermühle; Windmühle (watermill; windmill)
- Kraftwerk (power station)
- Bergwerk; Höhle (mine; cave)
- Denkmal (monument)
- Flughafen (airport)
- sonstige Sehenswürdigkeit (other sight of interest)
- Museum (museum)
- Ausgrabungen; röm. Objekte (excavations; roman site)
- Tierpark; Naturpark-Information (zoo; nature info)
- Naturpark, -denkmal (nature reserve, monument)
- sonstige Natursehenswürdigkeit (natural sight of interest)
- Aussichtspunkt* (panoramic view*)
- Tourist-Information; Gasthaus (tourist information; restaurant)
- Hotel, Pension; Jugendherberge (hotel, guesthouse; youth hostel)
- Camping-; Naturlagerplatz* (camping site; simple tent site*)
- Einkaufsmöglichkeit*; Kiosk* (shopping facility*; kiosk*)
- Rastplatz*; Unterstand* (picnic tables*; covered stand*)
- Freibad; Hallenbad (outdoor pool; indoor pool)
- Brunnen*; Parkplatz* (drinking fountain*; parking lot*)
- Schönern sehenswertes Ortsbild (picturesque town)
- Einrichtung im Ort vorhanden (facilities available)

Topographische Informationen (topographic information)

- Kirche; Kapelle (church; chapel)
- Kloster (monastery)
- Synagoge; Moschee (synagogue; mosque)
- Schloss, Burg; Ruine (palace, castle; ruins)
- Turm; Leuchtturm (tower; lighthouse)
- Wassermühle; Windmühle (windmill; water mill)
- Kraftwerk; Solaranlage (power station; solar power station)
- Bergwerk; Höhle (mine; cave)
- Denkmal; Hügelgrab (monument; burial mound)
- Flughafen; Flugplatz (airport; airfield)
- Windkraftanlage (windturbine)
- Funk- und Fernsehanlage (TV/radio tower)
- Umspannwerk, Trafostation (transformer station)
- Wegkreuz; hist. Grenzstein (wayside cross; boundary stone)
- Sportplatz, Stadion (playing field, stadium)
- Golfplatz; Tennisplatz (golf course; tennis courts)
- Schiffsanleger; Schleuse (boat landing; sluice/lock)
- Quelle (natural spring)
- Kläranlage (wastewater treatment plant)
- Staatsgrenze mit Übergang (international border crossing)
- Landesgrenze (country border)
- Kreis-, Bezirksgrenze (district border)
- Naturschutzgebiet, Naturpark, Nationalpark (nature reserve, national park)
- Truppenübungsplatz, Sperrgebiet (prohibited zone)

- Autobahn; Schnellstraße (motorway/freeway; expressway)
- Fernverkehrsstraße (highway)
- Hauptstraße (main roads)
- untergeordnete Hauptstraße (secondary main road)
- Nebenstraße; Fahrweg (secondary road; side street/access road)
- Weg; Fähre (track; ferry)
- Straße geplant/in Bau (road planned/under construction)
- Eisenbahn/Bahnhof; S-Bahnhof (railway/station; suburban station)
- Eisenbahn stillgelegt; geplant (railway disused; planned)
- Schmalspurbahn (narrow gage railway)
- Bergbahn, Seilbahn (mountain railway; cable car)
- Wald; Parkanlage (forest; park)
- Sumpf; Heide (marsh/bog; heath)
- Weinbau; Gartensiedlung* (vineyards; allotment gardens*)
- Friedhof; Düne, Strand (cemetery; dunes; beach)
- Watt; Gletscher (tidal flats; glacier)
- Felsen; Geröll (rock, cliff; scree)
- Steinbruch, Tagebau* (quarry, open cast mine*)
- Gewerbe-, Industriegebiet (commercial/industrial area)
- Siedlungsfläche; öffentl. Gebäude (built-up area)
- Stadtmauer, Mauer (defensive wall, wall)
- Damm, Deich (embankment, dike)
- Kanal (canal)
- Fluss/Staumauer/See (river/dam/lake)
- Höhenlinie 100m/50m (contour line)
- UTM-Gitter (in km; 2km-Gitter) (UTM-grid)

Inhalt

- 3 Vorwort
- 4 Kartenlegende
- 6 Die Deutsche Donau
- 14 Zu diesem Buch

- **16 Von Donaueschingen nach Ulm   194,5 km**
- 26 Über Mühlheim
- 39 Am linken Ufer (8,5 km)
- 44 Nach Zwiefalten (6 km)
- 44 Über Obermarchtal (5,5 km)
- 49 Variante Blautal (42,5 km)

- **62 Von Ulm nach Ingolstadt   154,5 km**

- **91 Von Ingolstadt nach Regensburg 93,5 km**
- 104 Auf der Nebenroute nach Bad Abbach (12,5 km)

- **110 Von Regensburg nach Passau   147 km**
- 138 Übernachtungsverzeichnis
- 157 Danke
- 159 Ortsindex

Stadtpläne

Deggendorf	122
Dillingen	74
Donaueschingen	17
Donauwörth	78
Ehingen	48
Günzburg	68
Ingolstadt	90
Kelheim	101
Munderkingen	46
Neuburg	84
Passau	137
Regensburg	109
Riedlingen	40
Sigmaringen	34
Straubing	118
Tuttlingen	24
Ulm	61
Vilshofen	132

Die Deutsche Donau

Die Donau ist nicht einfach einer der großen Flüsse Europas. Mit 2.888 Kilometer ab der Breg-Quelle, 2.845 Kilometer ab Zusammenfluss Brigach, Breg und Donauquelle in Donaueschingen, ist sie neben der Wolga (mit 3.534 Kilometern der längste Fluss Europas) die größte Wasserader dieses Kontinents, tausend Kilometer länger als der Rhein und einem Einzugsgebiet, beinahe vier Mal so groß wie das des Rheins. Sie berührt zehn Staaten und war lange die wichtigste Völkerstraße zwischen Südrussland, Zentralasien und Mitteleuropa. Begleiten wir die noch junge Donau auf ihrem Weg durch Deutschland, von ihrem Ursprung bis nach Passau. Im Schwarzwald nordwestlich von Furtwangen notiert das Kartenblatt in blauen Buchstaben ein simples Wort: „Donauquelle". Verfolgt man den Bachlauf weiter auf der Karte, so findet man bei der Ortschaft Zindelstein erstmals eine Bezeichnung für das quirlige Gewässer, nämlich „Breg", ein Name, den es bis zur Stadt Donaueschingen behalten darf. Hier schlängelt sich vom Norden aus der Gegend um Triberg ein weiteres Flüsschen namens Brigach heran: Wo die beiden schmalen Gewässer sich vereinigen, beginnt nun die Bezeichnung, die, mit landessprachlichen Abwandlungen, für gut 2.800 Kilometer bis zum Schwarzen Meer gleich bleibt: die Donau.

In Donaueschingen, so paradox dies klingen mag, endet die Donau: Sie ist der einzige europäische Fluss, neben der Mosel, deren Kilometrierung stromaufwärts gemessen wird.

Im 19. Jahrhundert haben die Donaueschinger eine pompös eingefasste Donauquelle errichtet. Eine Marmorskulptur über dem Quellteich zeigt die Donau als zartes Mädchen neben einer Frauenfigur, welche die Baar darstellt, jenes liebliche Hügelland, das sich ringsum erstreckt. Die Baar weist der Tochter den weiten Weg zum Meer. Der Eindruck, den der Ursprung eines so bedeutenden Flusses machen könnte, wird aber bald gemindert, denn das Wasser der „verbrieften" Donauquelle verschwindet so rasch wie es auftaucht zwischen Gitterstäben und zwängt sich in unterirdische Rohre.

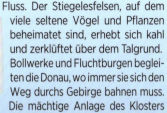

Kaum hat die junge Donau hinter Donaueschingen ihre silbernen Mäander in das weite Ried gelegt, stellen sich ihr bei Immendingen die Ausläufer der Schwäbischen Alb entgegen. Diese bestehen aus durchlässigem Jurakalk, und so kann man vom Flussufer aus ein aufregendes Schauspiel erleben: Von geheimnisvollem Rauschen und Gurgeln begleitet, werden die Fluten der Donau von den ausgewaschenen Klüften des weißen Jura fortgesaugt und kommen erst 12 Kilometer weiter wieder zu Tage.

Die Ufer der Donau bieten ein abwechslungsreiches Szenario. Das mittelalterliche Mühlheim etwa schaut mit dem Enzbergischen Schloss und der merkwürdigen St. Galluskapelle auf den Fluss. Der Stiegelesfelsen, auf dem viele seltene Vögel und Pflanzen beheimatet sind, erhebt sich kahl und zerklüftet über dem Talgrund. Bollwerke und Fluchtburgen begleiten die Donau, wo immer sie sich den Weg durchs Gebirge bahnen muss.

Die mächtige Anlage des Klosters Beuron wurde vom Vorarlberger Baumeister Franz Beer entworfen. In der nahen Burg Wildenstein hauste einst der trinkfeste Graf Gottfried von Zimmer, der sich 1528 wegen der Pest auf die Burg zurückzog und dort nicht nur dem Schwarzen Tod, sondern auch den Bauernkriegen entkam. Schloss Werenwag hingegen hat eine erfreulichere Vergangenheit, um 1260 verfasste dort der Minnesänger Hugo von Werenwag seine Verse. Im nahen Kreenheinstetten wurde 1644 ein ähnlich redegewandter Mann geboren: der Prediger Johann Ulrich Megerle, der später in Wien als Abraham a Sancta Clara seine Zuhörer hinriss. Jede der Burgen bietet einen anderen Ausblick in das von der Donau in den Jura eingegrabene Tal, jede hat eine bewegte Vergangenheit.

Bei Inzigkofen wird das Tal allmählich breiter, in Sigmaringen, der alten hohenzollerischen

LIVE-UPDATES
NEU ab Frühjahr 2015

Als Ergänzung zu diesem Radtourenbuch geben wir Ihnen mit unserem erweiterten Online-Angebot zusätzliche Hilfsmittel für Ihre Reiseplanung in die Hand.

Wie funktioniert es?

Nach der Anmeldung im Webportal des Verlags (**www.esterbauer.com**) registrieren Sie sich mit dem Produktcode von Seite 2, und schon können Sie aktuelle Informationen, die nach Redaktionsschluss im Verlag eingegangen sind, sowie weiteres Material zu diesem Buch abrufen. Auf diesem Weg erhalten Sie ein **aktuelles Übernachtungsverzeichnis** und Mitteilungen zu **Routenänderungen**, veränderten **Öffnungszeiten** usw.

Selbstverständlich halten wir dort auch den aktuellsten **GPS-Track** für Sie bereit.

Damit möglichst viele Informationen anderen begeisterten Radlern zur Verfügung gestellt werden können, laden wir Sie ein, sich als „Co-Redakteur" am Live-Update zu beteiligen. Über unser Webportal (www.esterbauer.com) können Sie uns Änderungen oder Fehlermeldungen leicht und schnell übermitteln, egal ob „live" mit Ihrem Smartphone von unterwegs oder nach der Tour zu Hause auf Ihrem Computer. Wir freuen uns auf Ihr Update!

Residenz, ist noch einmal hoch über dem Gewirr altersbrauner Dächer das Urbild einer stolzen Burg zu sehen. Dann darf die Donau in einem weiten Tal ihre Schleifen ziehen, bei Ulm bleibt die Schwäbische Alb zurück.

Auf dem Weg ins Ingolstädter Becken führt Sie Ihre Tour durch landschaftlich herausragende Flussabschnitte, wie z. B. durch das Naturschutzgebiet Leibi bei Günzburg, durch unberührte Auenlandschaften, durch Donauriede und vorbei am Donaumoos.

Auch liebreizende Orte wie Dillingen, Gundelfingen oder die Renaissance-Stadt Neuburg liegen in diesem Abschnitt. Bevor Sie zum canyonartigen Donaudurchbruch zwischen Weltenburg und Kelheim gelangen, passieren Sie noch das Städtchen Vohburg mit Befestigungsmauern und Stadttoren.

Ab Kelheim ist der Fluss schiffbar. Hier mündet über das Altmühltal der Rhein-Main-Donau-Kanal ein, der über 18 Stufen und Schleusen durch die Oberpfalz und Franken führt und die Nordsee mit dem Schwarzen Meer verbindet.

Ab Regensburg, der nördlichsten Donaustadt, verändert sich das Tal. Im Norden reichen die Ausläufer des Bayrischen Waldes an den Fluss, im Süden erstrecken sich fruchtbare Lösserdeböden.

Die „Dreiflüssestadt" Passau schließlich gilt seit altersher als eine der schönsten Städte Deutschlands. Den Beinamen erhielt sie wegen ihrer einmaligen Lage am Zusammenfluss von Donau, Inn und Ilz. Bis Passau ist die Donau ein Fluss. Jetzt wird sie zum Strom.

Streckencharakteristik

Länge

Die Länge des Donau-Radweges zwischen Donaueschingen und Passau beträgt rund **590 Ki-**

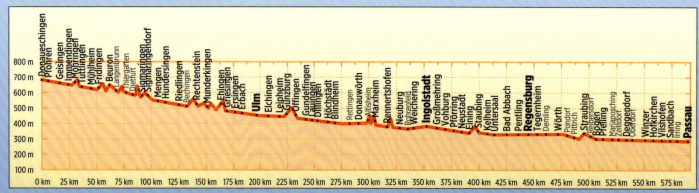

lometer. Zusätzlich finden Sie in diesem Buch ca. 80 Kilometer an Varianten und Ausflügen.

Wegequalität und Verkehr

Zum Großteil verläuft die Route auf ruhigen Nebenstraßen oder auf Radwegen. Verkehrsreiche Wegstücke gibt es wenig und sie sind meist nur von kurzer Dauer. Zum Großteil sind die Wege befestigt, aber auch die unbefestigten Strecken sind mit einigen Ausnahmen gut befahrbar. Da die Route doch meist in Flussnähe verläuft, werden Sie weitestgehend von Steigungen verschont. Hauptsächlich bei Ausflügen ins Umland müssen Sie eventuell mal kräftiger in die Pedale treten. Bei Hochwasser ist es allerdings möglich, dass Teile des Weges unbefahrbar oder gesperrt sind und Sie auf Alternativrouten ausweichen müssen.

Beschilderung

Entlang der Donau können Sie sich im Wesentlichen auf die Radwegmarkierungen verlassen. Bei jeder Richtungsänderung an einer Gabelung oder Kreuzung ist ein Schild angebracht. Von Donaueschingen bis Neustadt sind die Schilder gelb mit grüner Schrift, ab Neustadt sind sie weiß mit grüner Schrift. Ab Kelheim tragen die Schilder außerdem die Aufschrift „Tour de Baroque" und das Symbol der deutschen Donau wechselt sich mit dem Lautenspieler der „Tour de Baroque" ab.

Tourenplanung

Zentrale Infostellen

Arbeitsgemeinschaft Deutsche Donau, 86633 Neuburg a. d. Donau, Ottheinrichplatz A118, ☎ 08431/908330, www.deutsche-donau.de
Oberschwaben Tourismus G.m.b.H., 88427 Bad Schussenried, Neues Kloster 1, ☎ 07583/331060, www.oberschwaben-tourismus.de

An- und Abreise mit der Bahn

Aufgrund der sich ständig ändernden Preise und Bedingungen für Fahrradtransport bzw. -mitnahme empfehlen wir Ihnen, sich bei nachfolgenden Infostellen über Ihre ganz persönliche Anreise mit der Bahn zu informieren.

Informationsstellen

Deutsche Bahn AG Radfahrer Hotline: ☎ 01806/996633 (€ 0,20 pro Anruf aus dem Festnetz, Tarif bei Mobilfunk max. 60 ct pro Anruf), Mo-So 8-20 Uhr, Auskünfte über Zugverbindungen, zur Fahrradmitnahme, Fahr-

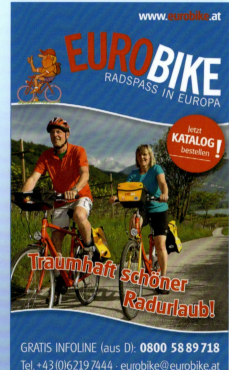

preise im In- und Ausland, Buchung von Tickets und Reservierungen, www.bahn.de, www.bahn.de/bahnundbike

Automatische DB-Fahrplanauskunft:
☎ 0800/1507090 (gebührenfrei aus dem Festnetz)
ADFC, Allgemeiner Deutscher Fahrrad-Club e. V.: weitere Infos und aufgeschlüsselte Einzelverbindungen unter www.adfc.de/bahn

Fahrradtransport

Hermes-Privat-Service (innerhalb Deutschlands):
☎ 0900/1311211 (€ 0,60/Min.)
www.myhermes.de
Unter der Rubrik „Gepäck/Fahrrad versenden" am unteren Seitenrand erfahren Sie die aktuellen Preise und Modalitäten für den Fahrradversand.

An- und Abreise mit dem Auto

Sie können Donaueschingen natürlich auch per Pkw erreichen, allerdings dauert die Anreise ähnlich lange wie mit der Bahn. So gelangen Sie beispielsweise von Müchen aus über die A 96 Richtung Konstanz, von dort aus führen Bundesstraßen bis Donaueschingen. Ähnliches gilt auch für Stuttgart – zunächst über die Autobahn A 81, der letzte Abschnitt verläuft wiederum auf Bundesstraßen.

Wenn Sie nach der Radreise mit der Bahn von Passau nach Donaueschingen zurückfahren möchten, müssen Sie ca. 6 bis 8 Stunden Fahrzeit einplanen.

Rad und Bahn

Die Orte im Donautal sind bis auf wenige Ausnahmen durch eine Bahnlinie verbunden. Sie können also bei Bedarf immer wieder auch auf die Alternative Zug umsteigen. www.bahn.de/fahrrad-bayern

Radverleihstationen:

Sie können entlang des Donau-Radweges an folgenden Bahnhöfen ein Fahrrad ausleihen: **Donaueschingen**, **Rad Center Rothweiler**, Max-Egonstr. 11 (500 m nördlich vom Bahnhof), 78166 Donaueschingen, ☎ 0771/13148. Fahrradrückgabe überall möglich bis passau.
Regensburg, **RENT A BIKE und Bikeambulanz**, Bahnhofstr. 18, ☎ 0941/5998808
Passau, **RENT A BIKE**, Bahnhofstr. 29,
☎ 0151/12834224
Sie sollten sich aber immer im Voraus an der Vermietstation über Preise und Öffnungszeiten informieren. Zum Mieten eines Fahrrades benötigen Sie einen gültigen Lichtbildausweis und € 30,– für die Kaution. Die Mietgebühren

sind teilweise sehr unterschiedlich, sie betragen rund € 13 pro Tag.

Für sonstige weitere Informationen wenden Sie sich am besten an die Radfahrer-Hotline der Deutschen Bahn AG: ✆ 01806/996633. Innerhalb von Baden Württemberg und Bayern können Regionalzüge kostengünstig mit dem Länderticket benutzt werden.

Rad und Schiff

Eine faszinierende Möglichkeit ist es, einen Teil der ziemlich langen Strecke mit dem Schiff zurückzulegen. In Kelheim, Regensburg und Passau bietet sich die Möglichkeit, Rundfahrten und Ausflüge mit dem Schiff auf der Donau zu unternehmen. Entnehmen Sie bitte Adressen, Telefonnummern und Abfahrtszeiten dem Datenblock der jeweiligen Orte.

Einen Linienverkehr auf der Donau gibt es zwischen Deggendorf und Passau. Die Schifffahrtsunternehmen finden Sie im jeweiligen Datenblock des Ortes. Fahrräder werden auf allen Schiffen mitgenommen. Über die aktuellen Abfahrtszeiten informieren Sie sich am besten bei den Anlegestellen oder bei den Schifffahrtsunternehmen (z. B. Wurm+Köck, 94032 Passau, Höllg. 26, ✆ 0851/929292, Fax: 35518, info@donauschiffahrt.de, www.donauschiffahrt.de).

Zwischen Weltenburg und Kelheim verläuft die Route auf steigungs- und verkehrsreichen Straßen. Wenn Sie diese Unannehmlichkeiten vermeiden wollen, steigen Sie hier auf das Schiff um. Häufige Abfahrtszeiten während der Sommersaison (täglich zwischen 10 und 18 Uhr halbstündig, Informationen unter der Telefonnummer 09441/5858, Kasse Kelheim) machen das Umsteigen auf ein Donauschiff sehr einfach.

Übernachtung

Bei unseren Recherchen haben wir eine größtmögliche Auswahl für Sie zusammengestellt. Für alle, die Alternativen oder einfach noch mehr Anbieter suchen, gibt es nachfolgende Internet-Adressen, die auch Beherbergungen der etwas anderen Art anbieten:

Der ADFC-Dachgeber funktioniert nach dem Gegenseitigkeitsprinzip: Hier bieten Radfreunde anderen Tourenradlern private Schlafplätze an. Mehr darüber unter www.dachgeber.de

Das **Deutsche Jugendherbergswerk** stellt sich unter www.djh.de mit seinen vierzehn Landesverbänden vor.

Auch die **Naturfreunde** bieten mit ihren **Naturfreundehäusern** eine Alternative zu anderen Beherbergungsarten an, mehr unter www.naturfreunde.de

Unter www.camping-in.de oder www.campingplatz.de finden Sie flächendeckend den **Campingplatz** nach Ihrem Geschmack.

Weiterhin bietet **Bett+Bike** unter www.bettundbike.de zusätzliche Informationen zu den beim ADFC gelisteten Beherbergungsbetrieben in ganz Deutschland.

Mit Kindern unterwegs

Grundsätzlich können Kinder ab 10 Jahren die meisten angegebenen Routen bewältigen. Überfordern Sie aber Ihre Kinder nicht, planen Sie auch die Möglichkeit ein, einmal eine Strecke mit einer Zug- oder Schifffahrt abzukürzen. Die Strecke mit dem Kinderanhänger zu fahren, kann teilweise etwas beschwerlich sein, vor allem zu Beginn zwischen Fridingen und Sigmaringen oder zwischen Rennertshofen und Neuburg. Sie sollten zumindest damit rechnen, dass die Fahrt mit Anhänger nicht immer ein Leichtes sein wird.

Radreiseveranstalter

EUROBIKE, Mühlstr. 20, A-5162 Obertrum am See, ☎ 0043/6219/7444, Fax: 0043/6219/8272, www.eurobike.at, eurobike@eurobike.at

Austria Radreisen GmbH, Joseph-Haydn-Str. 8, A-4780 Schärding, ☎ 0043/7712/55110, Fax: 0043/7712/4811, www.austria-radreisen.at, office@austria-radreisen.at

Flusskultur Radreisen, Waldweg 54, D-06846 Dessau-Roßlau, ☎ 0049/340/2214881, www.flusskultur-radreisen.de

PEDALO Touristik GmbH, Kickendorf 1a, A-4710 Grieskirchen, ☎ 0800/2400999, Fax: 0043/7248/635844, www.pedalo.com, info@pedalo.com

Augustus Tours, Turnerweg 6, D-01097 Dresden, ☎ 0049/351/563480, Fax: 0049/351/5634800, www.augustustours.de, info@augustustours.de

Rückenwind Reisen GmbH, Am Patentbusch 14, D-26125 Oldenburg, ☎ 0049/441/48597-0, Fax: 0049/441/48597-23, www.rueckenwind.de, info@rueckenwind.de

Zu diesem Buch

Dieser Radreiseführer enthält alle Informationen, die Sie für den Radurlaub entlang der Donau zwischen Donaueschingen und Passau benötigen: Exakte Karten, eine detaillierte Streckenbeschreibung, ein ausführliches Übernachtungsverzeichnis, Stadt- und Ortspläne und die wichtigsten Informationen zu touristischen Attraktionen und Sehenswürdigkeiten.

Und das alles mit der *bikeline*-Garantie: die Routen in unseren Büchern sind von unserem professionellen Redaktionsteam vor Ort auf ihre Fahrradtauglichkeit geprüft worden. Um höchste Aktualität zu gewährleisten, nehmen wir nach der Befahrung Korrekturen von Lesern bzw. offiziellen Stellen bis Redaktionsschluss entgegen, die dann jedoch teilweise nicht mehr an Ort und Stelle verifiziert werden können.

Die Radtour ist nicht in Tagesetappen, sondern in logische Abschnitte aufgeteilt, weil die Tagesleistung zu sehr davon abhängt, wie sportlich oder genussvoll Sie die Strecke in Angriff nehmen möchten.

Die Karten

Die Detailkarten sind im Maßstab 1 : 50.000 erstellt. Dies bedeutet, dass 1 Zentimeter auf der Karte einer Strecke von 500 Metern in der Natur entspricht. Zusätzlich zum genauen Routenverlauf informieren die Karten auch über die Beschaffenheit des Bodenbelages (befestigt oder unbefestigt), Steigungen (leicht oder stark), Entfernungen sowie über kulturelle, touristische und gastronomische Einrichtungen entlang der Strecke.

Allerdings können selbst die genauesten Karten den Blick auf die Wegbeschreibung nicht ersetzen. Komplizierte Stellen werden in der Karte mit diesem Symbol ⚠ gekennzeichnet, im Text finden Sie das gleiche Zeichen zur Markierung der betreffenden Stelle wieder.

Beachten Sie, dass die empfohlene Hauptroute immer in Rot und Violett, Varianten und Ausflüge hingegen in Orange dargestellt sind. Die genaue Bedeutung der einzelnen Symbole wird in der Legende auf den Seiten 4 und 5 erläutert.

Höhen- und Streckenprofil

Das in der Einleitung dargestellte Höhen- und Streckenprofil gibt Ihnen einen grafischen Überblick über die Steigungsverhältnisse, die Länge und die wichtigsten Orte entlang der Radroute. Zusätzlich wird am Beginn jedes Streckenabschnitts ein detaillierteres Höhen- und Streckenprofil gezeigt, in dem über die Wegpunkte eine Zuordnung zu Karte und Text möglich ist. Es können in diesem Überblick nur die markantesten Höhenunterschiede dargestellt werden, jede einzelne kleinere Steigung wird in dieser grafischen Darstellung nicht berücksichtigt. Die Steigungs- und Gefälleverhältnisse entlang der Route finden

Sie im Detail mit Hilfe der Steigungspfeile in den genauen Karten.

Der Text

Der Textteil besteht im Wesentlichen aus der genauen Streckenbeschreibung, welche die empfohlene Hauptroute enthält. Stichwortartige Streckeninformationen werden von dem Zeichen ~ begleitet. Manche besonders markante oder wichtige Punkte auf der Strecke sind als Wegpunkte 1, 2, 3, ... durchnummeriert und – zur besseren Orientierung – mit demselben Symbol in den Karten wieder zu finden. Unterbrochen wird dieser Text gegebenenfalls durch orangefarbige Absätze, die Varianten und Ausflüge behandeln.

Ferner sind alle wichtigen **Orte** zur besseren Orientierung aus dem Text hervorgehoben. Gibt es interessante Sehenswürdigkeiten in einem Ort, so finden Sie unter dem Ortsbalken die jeweiligen Adressen, Telefonnummern und Öffnungszeiten.

Die Beschreibung der einzelnen Orte sowie historisch, kulturell oder naturkundlich interessanter Gegebenheiten entlang der Route trägt zu einem abgerundeten Reiseerlebnis bei. Diese Textblöcke sind kursiv gesetzt und unterscheiden sich dadurch auch optisch von der Streckenbeschreibung.

TIPP Textabschnitte in Violett heben Stellen hervor, an denen Sie Entscheidungen über Ihre weitere Fahrstrecke treffen müssen, z. B. wenn die Streckenführung von der Wegweisung abweicht oder mehrere Varianten zur Auswahl stehen u. ä.

AUSFLUG Sie weisen auch auf Ausflugstipps, interessante Sehenswürdigkeiten oder Freizeitaktivitäten etwas abseits der Route hin.

Übernachtungsverzeichnis

Auf den letzten Seiten dieses Radtourenbuches finden Sie zu fast allen Orten entlang der Strecke eine Vielzahl von Übernachtungsmöglichkeiten vom einfachen Zeltplatz bis zum 5-Sterne-Hotel.

Von Donaueschingen nach Ulm

194,5 km

Der erste Abschnitt verläuft durch herrliche Landschaften. Die Donau, zunächst noch ein kleines Flüsschen, bildet sanfte Schleifen. Bei Geisingen wird das Tal enger und die Mäander der Donau werden immer eindrucksvoller. Hohe Kalkfelsen mit wildromantischen Zinnen säumen das Tal. Die Donauversickerung zwischen Immendingen und Möhringen ist ein besonderes Naturschauspiel des Naturparks Obere Donau. Die Donau fließt dann südlich der Schwäbischen Alb und passiert auf ihrem Weg zahlreiche Burgen, Klöster und Schlösser. Besonders eindrucksvoll sind die Burg Wildenstein, die Abtei Beuron und das mächtige Fürstenschloss Sigmaringen.

Die Route verläuft meist auf ebenem Gelände, die Wege sind großteils asphaltiert. Nur im engen Donautal müssen Sie mit einigen Steigungen und Schotterstrecken rechnen. Hinter Sigmaringen wird die Donau breiter und fließt durch ein weites Tal. In Ehingen können Sie dann der Donau einmal den Rücken kehren und einer Variante durchs Blautal folgen. Ulm bietet mit seiner prächtigen Altstadt einen würdigen Abschluss der Etappe.

Der Donauursprung

„Brigach und Breg bringen die Donau zuweg" heißt ein alter Spruch und bezeichnet die „Geburtsstätte" der Donau. Dieser im Geografieunterricht gerne gelehrte Spruch klärt jedoch nicht den genauen Ursprung des zweitgrößten Flusses Europas. Die Breg führt mehr Wasser und ist länger als die Brigach, an der Bregquelle nahe Furtwangen wurde daher ein Stein mit der Inschrift „Donauquelle" eingelassen. Im Jahr 1965 wünschten dann die Furtwanger Bürger vom Kultusministerium eine Eintragung „ihrer" Donauquelle in die Geschichtsbücher und Atlanten. Die Stadtväter von Donaueschingen sahen das nicht sehr gerne, war doch die Quelle im Fürstenbergischen Park schon vom römischen Kaiser Tiberius als Donauquelle bezeichnet worden. Der anschließende Streit um diese wichtige Frage endete damit, dass die offizielle Donauquelle in Donaueschingen verblieb, die Quelle der Breg aber als Donauursprung in den Landkarten verzeichnet wird. Voraussichtlich bis Sommer/Herbst 2015 ist die Donauquelle aufgrund von Sanierungsmaßnahmen nicht zugänglich.

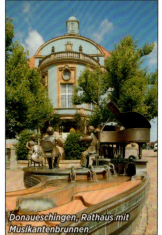

Donaueschingen, Rathaus mit Musikantenbrunnen

Donaueschingen
PLZ: 78166; Vorwahl: 0771

- **Tourist-Information**, Karlstr. 58, ✆ 857221, www.donaueschingen.de
- **Fürstlich Fürstenbergische Sammlungen**, Karlspl. 7, ✆ 229677563, ÖZ: April-Nov., Di-Sa 10-13 Uhr und 14-17 Uhr, So/Fei 10-17 Uhr
- **Museum Biedermann**, Museumsweg 1, ✆ 896689-0, ÖZ: Di-So 11-17 Uhr
- **Kinder- und Jugendmuseum**, Haldenstr. 5, ✆ 92947426, ÖZ: Di-Fr 14-17.30 Uhr, Sa, So/Fei 10-17.30 Uhr

Donauzusammenfluss

- **Fürstlich Fürstenbergisches Schloss**, ✆ 229677560, Führungen an festen Terminen, Gruppen nach Voranmeldung
- **Stadtkirche St. Johann**, böhmischer Barock
- **Parkschwimmbad**, ✆ 4186, ÖZ: Ende Mai-Anfang Sept., Mo-So 9-20 Uhr
- **Rad Center Rothweiler**, Max-Egonstr. 11, ✆ 13148

Die Stadt Donaueschingen steht ganz im Zeichen der Fürstenberger. Neben den zahlreichen Werbetafeln der Fürstenberg Brauerei hat das Fürstengeschlecht, das seit 1723 hier residiert, einige sehenswerte Spuren in der Stadt hinterlassen. Das Fürstlich Fürstenbergische Schloss befindet sich neben der im böhmischen Barockstil erbauten Pfarrkirche St. Johann. Im Park des Schlosses befindet sich die kunstvoll eingefasste Donauquelle, die Figurengruppe stellt die Mutter Baar dar, die der jungen Donau den Weg gen Osten weist. Die Donauquelle ist von der Fürstenbergstraße aus erreichbar.

Von Donaueschingen nach Geisingen — 17 km

1 Ausgangspunkt für die Tour ist der Bahnhof von Donaueschingen ⌐ hier nach rechts auf die **Bahnhofstraße** ⌐ am Kreisverkehr (Donauquelle Wegweiser ist hier vorhanden) die zweite Ausfahrt in die **Josefstraße** nehmen ⌐ an der nächsten T-Kreuzung rechts in die **Prinz-Fritzi-Allee** ⌐ durch den autofreien Schlosspark ⌐ nach dem Umspannwerk rechts halten.

TIPP Die kleinen gelben Täfelchen mit der grünen Aufschrift „Donau-Radwanderweg" bzw. Emblem „Deutsche Donau" werden von nun an Ihre verlässlichen Begleiter sein.

Kurzzeitig an der Breg entlang ⌐ rechts über die Bregbrücke.

AUSFLUG Geradeaus an der Bregbrücke vorbei geht es weiter am Fluss entlang zum Donauzusammenfluss.

Donaueschingen, Donautempel

Die B 27 unterqueren ⌐ vor dem Klärwerk rechts ⌐ dem asphaltierten Feldweg durch das Donauried folgen ⌐ an der Kreuzung links ⌐ an der Vorfahrtstraße links auf die **K 5749** ⌐ **2** über die Donaubrücke ⌐ nach Pfohren hinein.

Pfohren

- **Jagdschloss Entenburg**, ein altes Wasserschloss, 1471 vom Grafen Heinrich von Fürstenberg erbaut

Im Ort rechts in den **Entenburgweg** abbiegen ⌐ vorbei am **Jagdschloss Entenburg** ⌐ rechts in die **Wiesenstraße** ⌐ am Ortsende rechts hinunter auf den Feldweg ⌐ unter der B 31 hindurch ⌐ kurz an ihr entlang ⌐ rechts und weiter zwischen Wiesen und Feldern ⌐ entlang der Bundesstraße ⌐ **3** wieder unter der B 31 hindurch Richtung Geisingen.

Der Wartenberg

Zu Ihrer Linken sehen Sie den 821 Meter hohen Wartenberg, einen „aussichtsreichen" Vulkankegel, der zu den Hegau-Vulkanen gehört. Die Herren

von Wartenberg und die Herren zu Fürstenberg, deren Stammburgen sich nördlich beziehungsweise südlich der Donau gegenüberstanden, bekämpften sich jahrhundertelang, bis Graf Heinrich II. zu Fürstenberg der Streiterei überdrüssig wurde und kurzerhand um 1300 die letzte Wartenbergerin heiratete. Eine weise Entscheidung, denn damit setzte er nicht nur dem Zwist ein Ende, sondern übernahm auch noch den gesamten Besitz der Wartenberger. An der Kreisstraße rechts und nach Geisingen hinein.

arena geisingen
Tel. 07704-92 33 98 0
Schöne Sport-und Freizeitanlage an der Donau
Inlineskaten bei jedem Wetter • Skateverleih
Bistro & Biergarten • Sportgeschäft • Gästehaus
Infos zum Gästehaus auf Seite
Am Espen 16 • 78187 Geisingen • www.arena-geisingen.de

Geisingen
PLZ: 78187; Vorwahl: 07704
- **Rathaus**, Hauptstr. 36, ✆ 8070
- **Schloss Wartenberg**, Ruine auf gleichnamigem Berg. Das Schloss war einst der Sitz der Herren von Geisingen.
- **Wallfahrtsstätte Heilig-Kreuz-Kirche** (Jakobuspilgerweg Donau-Randen)
- **arena geisingen**, Am Espen 16, ✆ 9233980, Deutschlands erste überdachte Inlineskating-Arena, wunderschön gelegenes Freizeit- und Sportgelände in unmittelbarer Nähe zur Donau.
- **Bühler Technik GmbH**, Kleine Breite 2, ✆ 92850

Geisingen ist einer der ältesten Orte der Baar und wurde erstmals im Jahre 764 in einer Schenkungsurkunde des Klosters St. Gallen erwähnt. Nach der Überlieferung haben die Herren von Wartenberg neben dem Dorf Geisingen die Stadt gleichen Namens um das Jahr 1300 gegründet. Die erste urkundliche Erwähnung als Stadt erfolgte 1329, als der Besitz der seit 1321 ausgestorbenen Wartenberger an die Grafen von Fürstenberg übergegangen ist.

Von Geisingen nach Tuttlingen — 19 km
4 Am Ortsende über die Bahngleise ~ danach links auf den Radweg entlang der Gleise ~ erst unter der A 81, dann unter der B 31 hindurch ~ weiter zwischen Donau und Bahn ~ die Donau

Donauversinkung in Immendingen

nach rechts überqueren ~ an der Kreisstraße links bis Hintschingen.

Hintschingen
Einen Kilometer nach Hintschingen die Donau auf einer überdachten Holzbrücke queren ~ danach rechts in den asphaltierten Feldweg ~ entlang der Bahn nach Immendingen.

Immendingen
PLZ: 78194; Vorwahl: 07462
- **Tourist-Information**, im Oberen Schloss, Schlosspl. 2, ✆ 24228
- **Heimatmuseum**, Hindenburgstr. 2, ÖZ: nach Anmeldung beim Bürgerservice des Rathauses unter ✆ 24228
- **Oberes Schloss** (12. Jh.). Das Schloss war ursprünglich eine Wasserburg, deren Gräben aber verschüttet wurden. Im Schloss befindet sich die Tourist-Information.

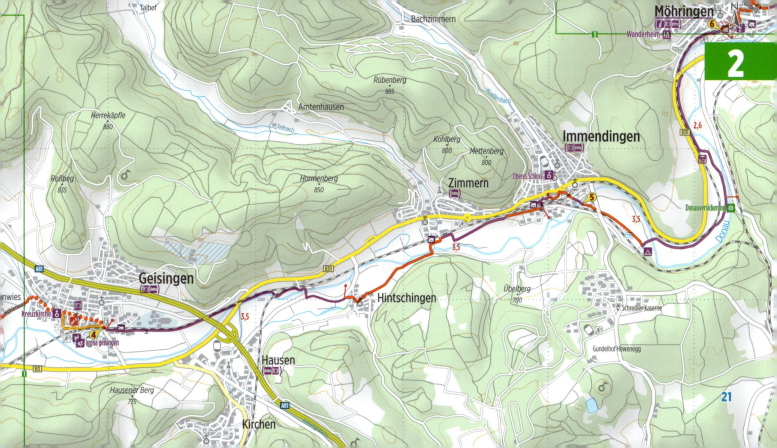

Durch Immendingen auf der Radwegbrücke über die Bahngleise ~ dann rechts in den Radweg einbiegen, der in die **Blumenstraße** übergeht ~ rechts auf die **Donaustraße** ~ geradeaus weiter ~ 5 auf der Radwegbrücke über die Donau ~ danach geradeaus auf die Nebenstraße ~ den Bahngleisen entlang ~ nach der Kläranlage auf der Radwegbrücke die Donau nach links überqueren ~ vor den Bahngleisen rechts in den asphaltierten Feldweg.

Die Donauversickerung

Kaum hat sich die Donau zu einem stattlichen Fluss entwickelt, wird sie auch schon von scheinbar magischen Kräften unter die Erde gesogen. Gurgelnde Geräusche und kleine Strudel lassen erkennen, dass die Donau im Erdboden versickert. An vielen Tagen im Jahr bleiben nur ein ausgetrocknetes Flussbett und ein paar Pfützen zurück. Der Grund für dieses einzigartige Naturschauspiel liegt in der Wasserdurchlässigkeit der Kalksteinschicht, die nach Süden hin schräg ab-

Möhringen

fällt. In weitverzweigten Höhlensystemen bahnt sich ein Teil des Wassers seinen Weg in den zwölf Kilometer entfernten Aachtopf, die größte Quelle Deutschlands. Dort sprudeln gewaltige 10.000 Liter pro Sekunde aus dem Boden, um als Aach in den Bodensee zu fließen. Die Fließdauer im unterirdischen Bereich beträgt im Mittel etwa 60 Stunden, sie kann aber auch Wochen oder Monate betragen. Das bedeutet, dass das Höhlensystem sehr umfangreich und kompliziert sein muss.

Den Durchfluss hat man bereits 1877 mit Hilfe von Salz- und Färbeversuchen beobachtet. Die ersten Versickerungsstellen sind bei der Immendinger Eisenbahnbrücke als Erdtrichter am südlichen Flussufer sichtbar; bei hohem Wasserstand treten sie als Strudel in Erscheinung. In den Sommermonaten bietet sich ein Spaziergang im trockenen Flussbett bis zum Luftkurort Möhringen an. Wunderschöne Versteinerungen, die es zu finden gibt, werden zur bleibenden Erinnerung an dieses Erlebnis. Die Höhlen, die zu den größten Unterwasserhöhlen Europas zählen, sind trotz größtem Interesse seitens der Naturforscher und Sporttaucher bisher nur zu einem kleinen Teil erforscht worden.

Aufgrund des Wassermangels der flussabwärts wohnenden Bevölkerung und um nicht das gesamte Wasser in den Aachtopf sprudeln zu lassen, wurde zwischen Möhringen/Immendingen ein Umleitungsstollen gebaut, der einen Teil des Donau- und des Bärawassers um die Versickerungsstellen herum ins Donautal leitet.

Auf einem Weg entlang der Bahnlinie gelangen Sie weiter nach Möhringen.

Luftkurort Möhringen
PLZ: 78532; Vorwahl: 07462

Donaupark in Tuttlingen

- **Tourist-Info**, Hermann-Leiber-Str. 4, ✆ 94820 (ehemaliges Jagdschloss)
- **Museum im Rathaus**, Hermann-Leiber-Str. 4, ÖZ: Mo-Fr 8-11 Uhr, Mo-Do 14-16 Uhr
- **Dampflokmuseum**, beim Lokschuppen (Richtung Tuttlingen), ÖZ: Mai-3. Okt., So/Fei 10-17 Uhr
- **Historischer Pfad** ab Rathaus, ✆ 948210

Möhringen wurde erstmals 882 urkundlich erwähnt. Schon 1308 erhielt Möhringen das Markt- und Stadtrecht. Kaiser Friedrich II. aus Wien verlieh Möhringen 1470 sein Mohrenwappen. Der Stadtname leitet sich von „Moringas" (die Stadt des Herrschers Mo-ring) ab und ist erstmals 790 n. Chr. beurkundet.

6 In Möhringen links über den Bahnübergang ~ gleich danach rechts auf der **Hermann-Leiber-Straße** ~ Tourist-Info und Museum passieren ~ rechts in die **Marktgasse** ~ links in die Straße **Am Schafmarkt**. Geradeaus über die Vorfahrtsstraße in die **Gihrsteinstraße** ~ rechts in die **Anton-Braun-Straße** und dann links in die **Bleichestraße** ~ an der T-Kreuzung rechts in die Straße **Am Mühlberg** ~ auf einem gekiesten Feldweg an der Donau und am Wald entlang zur Koppenlandsiedlung ~ **7** auf einem asphaltierten Radweg direkt am Freibad von Tuttlingen vorüber ~ weiter entlang der Donau in den neuen **Donaupark**.

> **INS ZENTRUM** Für einen Abstecher zum historischen Stadtkern überqueren Sie die Holzbrücke Rathaussteg und erreichen nach ca. 20 m den Marktplatz von Tuttlingen.

Tuttlingen
PLZ: 78532; Vorwahl: 07461

- **Tourismus Tuttlingen**, Rathausstr. 1, ✆ 99340, www.tuttlingen.de
- **Museum Tuttlinger Haus**, Donaustr. 19, ✆ 15135, ÖZ: Ostern-1. Nov., Di, Do, Sa, So 14-17 Uhr

Tuttlingen

- **Museum Fruchtkasten**, Donaustr. 50, ✆ 15135, ÖZ: Di, Do, Sa, So 14-17 Uhr
- **Galerie**, Rathausstr. 7, ✆ 99318, ÖZ: Di-So und Fei 11-18 Uhr. Ständige Wechselausstellungen der aktuellen zeitgenössischen Kunst.
- **Evangelische Stadtkirche**, ÖZ: Mai-Sept., So-Do 14-16 Uhr
- **Rathaus** (1804), von Carl Leonhard von Uber entworfen
- **Freibad** Tuttlingen
- **TuWass**, Freizeit und Thermalbad, Mühlenweg 1-5, ✆ 9665566
- **Fa. Nerz**, Ludwigstaler Str. 77, ✆ 96000
- **Dangelmaier**, Oberamteistr. 26, ✆ 3019

Nach einem verheerenden Brand im Jahr 1803 wurde Tuttlingen neu aufgebaut und entwickelte sich zu einer dynamischen Kreisstadt mit 35.000 Einwohnern. Schmuckstück der Stadt ist die Evangelische Stadtkirche, die zu den schönsten Jugendstilkirchen Deutschlands zählt. Über der Stadt befindet sich auf dem Honberg, der

einst von der Donau umflossen war, eine Burgruine, von der aus man das Panorama der Stadt bewundern kann.

Von Tuttlingen nach Beuron — 22 km

VARIANTE Die Hauptroute verläuft entlang der recht stark befahrenen Nendinger Allee. Sie können diesen Abschnitt auf einer beschilderten Variante am südlichen Ufer umfahren. Diese führt hinter der Holzbrücke links über die **Weimarstraße** und der Straße **In Wöhrden**. An der Stadthalle vorbei. Dann ufernah nach **Ludwigstal**, wo Sie die Donau wieder queren.

Auf einem straßenbegleitenden Radweg entlang der **Nendinger Allee** Tuttlingen verlassen ～ beim Kreisverkehr geradeaus und danach links unter der Straße hindurch ～ 8 rechts über den Bahnübergang ～ direkt danach wieder rechts ～ auf einem Asphaltweg entlang der Bahntrasse nach Nendingen.

Nendingen
PLZ: 78532; Vorwahl: 07461
- **Tourismus Tuttlingen**, ✆ 99340
- **Bauernmuseum**, Industriestr. 4, ✆ 3647, ÖZ: tägl. Zu sehen gibt es landwirtschaftliche Maschinen.

Die Bahnlinie queren und an der **Industriestraße** rechts ～ links in die **Sattlerstraße** ～ geradeaus

Mühlheim an der Donau, Torplatz

in die **Austraße** und auf dieser den Ort verlassen ～ auf geradem Weg nach Stetten.

Stetten
- Pfarrkirche St. Nikolaus

VARIANTE In Stetten können Sie entweder auf der beschilderten Route im Tal weiterfahren oder über den mittelalterlichen, sehenswerten Ortskern des Städtchens Mühlheim.

Über Mühlheim

Den Kesselbach überqueren ～ am Ortseingang von Stetten von der **Bachstraße** rechts in die **Rathausstraße** ～ rechts in die **Donaustraße** ～ über die Donau ～ die L 443 unterqueren ～ links auf den Radweg, der parallel zur Tuttlinger Straße verläuft ～ weiter in die **Haldenstraße** ～ der Rechtskurve folgen ～ an der **Hauptstraße** links ～ hinauf nach Mühlheim ～ nach links in die historische Oberstadt.

Mühlheim an der Donau
PLZ: 78570; Vorwahl: 07463
- **Verkehrsamt**, Vorderes Schloss, ✆ 8903, www.muehlheim-donau.de
- **Vorderes Schloss** mit Museum, ÖZ: So 14–17 Uhr
- **Galluskapelle**, das älteste Gotteshaus in Mühlheim mit sehenswerten Fresken und daneben die **Veitskapelle** mit Außenkanzel
- **Ruine Maria Hilf**
- **Mühlheimer Rathaus**, ist eines der ältesten Gebäude der Stadt. Seit 800 Jahren ist das Rathaus Mittelpunkt interessanter Stadtgeschichte.
- **Mühlheimer Nachtwächter.** Die von 1496-1936 bestehende Tradition hat Siegfried Kunz mit Beginn der 1990er Jahre an den Wochenenden der Sommermonate wieder aufleben lassen.

Schon von weitem ist das alte malerische Bergstädtchen Mühlheim an der Donau zu sehen, das scheinbar an einen Bergrücken geklebt, hoch über der Donau thront. Sollten Sie einen Hang zum Romantischen haben, empfehlen wir Ihnen, sich nicht von dem kurzen steilen Anfahrtsweg in die Oberstadt abhalten zu lassen. Der historische Stadtkern liegt auf einem Felsvorsprung, der über die Donau ragt und wird noch heute von den überbauten Stadtmauern umschlossen. Im Städtchen erwarten Sie verwinkelte Gässchen und Fachwerkhäuser mit spitzwinkligen Dächern. Die Blumenpracht an den Fenstersimsen rundet das Stadtbild ab.

Die älteste Nachricht über Mühlheim findet sich in einer Urkunde des Klosters Reichenau aus dem Jahr 799, das Stadtrecht erhielt Mühlheim um 1300. Im Jahr 1409 erwarben die Brüder Friedrich und Engelhardt von Enzberg, deren Nachkommen noch heute hier Besitz und ihren Wohnsitz haben, die Herrschaft Mühlheim durch Kauf von den Rittern von Weitingen.

Auf der Hauptstraße durch die malerische Altstadt von Mühlheim an der Donau ∼ vor dem Schloss rechts auf der Straße **An der Steig** hinunter zur Donau ∼ an der Vorfahrtstraße rechts auf die **L 443**.

Stetten

Für die Hauptroute durch Stetten auf der **Bachstraße** geradeaus weiter ∼ **9** auf der **Josef-Lang-Straße** über die Bahnlinie ∼ danach rechts auf den Radweg an der **Eisenbahnstraße** ∼ der Radweg entfernt sich von

Künstlermuseum „Scharf Eck" in Fridingen

der Eisenbahnstraße und führt geradeaus entlang der Bahn weiter ∼ geradeaus auf den **Griesweg** ∼ an der Vorfahrtstraße links auf die **Kolbinger Straße** (L 443) ∼ am Ortsende rechts in ein asphaltiertes Sträßchen abzweigen ∼ dem Straßenverlauf folgen ∼ kurz nach der **Galluskirche und dem Friedhof** rechts in den Asphaltweg ∼ durch ein wunderschönes Naturschutzgebiet am linken Donauufer bis nach Fridingen ∼ **10** an der Vorfahrtstraße rechts auf den straßenbegleitenden Radweg ∼ nach 300 m rechts in die Straße **Oberer Damm**.

VARIANTE Möchten Sie die Variante durch den historischen Stadtkern nehmen, folgen Sie der im Anschluss beschriebenen Route.

Bleiben Sie weiter auf der **Bahnhofstraße** ∼ biegen kurz nach dem Gasthof Sonne links ab ∼ halten sich rechts in die **Mittlere Gasse** ∼ biegen wieder links in die **Gartenstraße** ∼ an der **Friedenstraße** rechts ∼ am **Unteren Damm** biegen Sie links ab und befinden sich nun wieder auf der Hauptroute.

Fridingen

PLZ: 78567; Vorwahl: 07463

- **Donau-Heuberg**, Verkehrsamt im Rathaus, Kirchplatz 2, ✆ 8370 www.donau-heuberg.de
- **Heimatmuseum Oberes Donautal** im Ifflinger Schloss, ✆ 8474, ÖZ: Sa, So/Fei 14-18 Uhr
- **Künstlerhaus „Scharf Eck"**, Kirchpl. 2, ✆ 99120555, ÖZ: Mai-Okt., Sa, So/Fei 14-18 Uhr. Drei Generationen der Künstlerfamilie Bucher lebten hier im heute ältesten und wohl schönsten Bürgerhaus der Stadt. Seit 2002 können Malereien der Künstler des Oberen Donautales und das Haus selbst besichtigt werden.
- **Kolbinger Höhle**, ✆ 97083, ÖZ: Karfreitag-Ende Okt., Sa 13-17 Uhr und So 10-17 Uhr
- **Hamma**, Tuttinger Str. 14, ✆ 7703

Das schönste Fachwerkhaus im Ort ist das „Scharf Eck" am Oberen Tor, das auf der früheren Stadtmauer errichtet ist. Das Gebäude wurde erst vor Kurzem zum Künstlerhaus hergerichtet, in dem neben einigen Ausstellungs-

räumen vor allem die Wohn- und Arbeitswelt des bekannten Fridinger Kunstmalers Hans Bucher besichtigt werden kann. Im Ifflinger Schloss befindet sich ein weiteres interessantes Heimatmuseum, das Museum Oberes Donautal. Sollten Sie Zeit und Interesse für Theaterveranstaltungen haben, so bietet Ihnen die Naturbühne Steintäle in den Monaten Juni bis September ein Theaterprogramm mit hohem kulturellen Niveau.

Die Strecke von Fridingen nach Beuron gehört wohl zu den landschaftlich schönsten Abschnitten der deutschen Donau. Das Tal wird hier von den Felsen so eingeengt, dass nur die Eisenbahn und ein Wirtschaftsweg am Talboden Platz finden. Senkrecht steigen die weißleuchtenden Kalkfelsen auf und lassen die Hartnäckigkeit erahnen, mit der die Donau den fast 300 Meter hohen Kalkriegel auf 20 Kilometer Luftlinie durchnagt hat.

Geradeaus über die L 277 auf die Straße **Unterer Damm**, direkt an die Donau.

Am Ortsende von Fridingen rechts auf den Asphaltweg ∿ nach 1,5 km die Donau nach rechts überqueren ∿ danach links weiter ∿ nach dem **Scheuerlehof** erreichen Sie nach weiteren 3 km das Gasthaus „Jägerhaus".

Erzabtei Beuron

TIPP Beim Gasthof beginnt übrigens ein Wanderweg, der an der Jägerhaushöhle vorbei zum Schloss Bronnen, einer alten Ritterburg, führt. Leider kann das Schloss nicht besichtigt werden. Die nächsten 3 km fahren Sie auf einem unbefestigten Waldweg ∿ nach der Schranke wieder auf asphaltierten Untergrund ∿ vor Ihnen erblicken Sie schon das Kloster von Beuron ∿ bis zur Hauptstraße sehr steil bergauf ∿ **11** diese überqueren.

AUSFLUG Sollten Sie das Angebot der Jugendherberge auf der Burg Wildenstein zur Übernachtung nutzen wollen, so ist die Anfahrt auf der K 8278 über Leibertingen leichter zu bewältigen, vor allem wenn Sie mit Gepäck unterwegs sind. Die ersten 5 km geht es zwar bergauf, danach ist die Zufahrt zur Burg jedoch kein Problem mehr. Danach gleich wieder rechts einbiegen.

INS ZENTRUM Geradeaus über die Eisenbahnbrücke kommen Sie ins Ortszentrum und zum Kloster von Beuron.

Beuron
PLZ: 88631; Vorwahl: 07466

- **Tourist-Information**, Kirchstr. 18, Hausen im Tal, ✆ 07579/92100, www.beuron.de
- **Naturschutzzentrum Obere Donau**, ehem. Bahnhofsgebäude, Wolterstr. 16, ✆ 92800, ÖZ: ganzjährig Mo-Fr, 9-17 Uhr, 1. Apr.-31. Okt., Sa, So/Fei, 13-17 Uhr. Dauerausstellungen zu den Themen Erdgeschichte, Kulturgeschichte und Naturräume in der Naturpark Obere Donau, sowie Wechselausstellungen.
- **Erzabtei Beuron**. Das 1802 säkularisierte Augustiner-Chorherrenstift wurde erst wieder 1862 durch eine Stiftung der Fürstin Katharina von Hohenzollern wiederbelebt und ein Jahr später als Benediktinerkloster neu eingeweiht. In der Erzabtei befindet sich die größte deutsche Klosterbibliothek mit rund 405.000 Bänden.
- **Naturparkexpress**, Mai-Okt., Sa, So/Fei, ✆ 92800

Die traditionsreiche Erzabtei Beuron ist Zentrum von Kunst und Wissenschaft und betreibt ein eigenes Elektrizitätswerk, einen Kunstverlag, eine Buchhandlung, eine Metzgerei, eine Brennerei, eine Gärtnerei und das Hotel Pelikan.

Von Beuron nach Sigmaringen — 31 km

Der Weg zwischen Beuron und Wildenstein verläuft am Hang des Petersfelsens, unten im Tal fließt die Donau in Schleifen dahin ~ nach der Bahnunterführung die Donau überqueren ~ nach einer kurzen Steigung der Wegmarkierung nach rechts folgen ~ wenig später an der St.-Maurus-Kapelle vorüber ~ nach der Brücke links in Richtung Sigmaringen.

Das Donautal und seine Burgen

Das Land um den Oberlauf der Donau ist mit seiner reich gegliederten Landschaft und den zahlreichen Felsbastionen für ritterliche Behausungen wie geschaffen. Nirgends am Strom gibt es daher so viele Burgen wie in dem kurzen Abschnitt zwischen Donaueschingen und Sigmaringen.

Die wahrscheinlich bemerkenswerteste dieser Anlagen thront hoch auf einem Felsen: die mittelalterliche Trutzburg Wildenstein. Die 1077 erstmals erwähnte Burg erlebte ihre Glanzzeit im 15. und 16. Jahrhundert. Wildenstein gilt als Juwel unter den Burgen der schwäbischen Donau, überstand sie doch unbeschadet alle

Schloss Werenwag

Wirren der Zeit, da die alten Ritter sie mit einem mächtigen Vorwerk und einem doppelten Burggraben gut zu schützen verstanden. Nur durch die Unachtsamkeit eines Burgvogts konnten die Schweden 1642 die „uneinnehmbare" Bastion vorübergehend in ihre Gewalt bringen.

Auf dieser Strecke passieren Sie viele namhafte Felsen, so zum Beispiel den Bischofsfelsen, den Glasträgerfelsen oder den Korneliusfelsen bei Hausen.

Immer am rechten Donauufer entlang nach Hausen ~ an der Vorfahrtsstraße links ~ **12** vor der Brücke über die Donau wieder rechts, am anderen Ufer liegt Hausen.

VARIANTE: Wer nach Hausen im Tal radeln möchte, folgt der orange gekennzeichneten Route und kommt beim Bahnübergang Neidingen wieder über die Donaubrücke zum offiziellen Radweg zurück.

Hausen im Tal
PLZ: 88631; Vorwahl: 07579

Tourist-Information, Kirchstr. 18, ✆ 92100

Eppinger, Hintere Dorfstr. 6, ✆ 933706

Weiter am rechten Donauufer ~ anfangs asphaltiert, dann wieder unbefestigt in leichtem Auf und Ab ~ links am anderen Ufer liegt Neidingen.

Neidingen

Der Dichter Anton Schlude schrieb 1858 folgendes über Neidingen:

„Hat sich der Fremde genugsam in der Ruine des alten Schlosses Hausen umgesehen und stolpert den Berg wieder herab, so führt ihn die mit Bäumen besetzte Straße immer auf dem linken Ufer der Donau abwärts in den einen, keine halbe Stunde entfernten Weiler Neidingen ... Neidingen besteht in drei Theilen: Ober- und Unter Neidingen und den fünf Steighäusern auf der Höhe des Berges an der Straße nach Stetten. Die 130 Einwohner nähren sich wie die von Hausen ausschließlich von Landwirthschaft ...Weiter abwärts von Neidingen stund einst das Schloss Schaufels, wovon der Fels noch jetzt seinen Namen hat ... Das Merkwürdigste an

Innenhof Kloster Inzigkofen

Neidingen aber ist, dass hier einst eine Stadt gleichen Namens gestanden haben soll und zwar auf dem rechten Ufer der Donau auf einem mäßigen Hügel, Buchtbühl genannt, wo sich noch zum Beweise Mauerreste im Boden befinden. Was dieser Sage noch mehr Wahrscheinlichkeit gibt ist, dass in einer Karte aus dem 12. Jahrhundert dieses Neidingen als bedeutender Ort aufgezeichnet ist... Ein weiterer Beweis ist, dass die Franzosen, als sie 1796 zuerst zu uns kamen, dieses Neidingen ebenfalls als Stadt in ihrer Karte aufgezeichnet fanden. Doch sei dem, wie ihm wolle, wir können hier nur Vermuthungen aussprechen, Gewißheit haben wir keine, da in keiner Urkunde davon Erwähnung geschieht."
Bei Thiergarten beschreibt die Donau eine große Schleife, dann muss sie sich in ein enges Tal zwängen ~ noch in dieser Schleife überqueren Sie den Fluss ~ der Radweg führt Sie dann durch den Ort Gutenstein.

Gutenstein

13 Nach der Dorfkirche links ~ die Bahngleise überqueren und rechts in den unbefestigten Weg entlang der Bahntrasse ~ dann über die Brücke ~ an Dietfurth mit seiner Ruine vorbei ~ über den Donaudurchbruch beim Teufelsloch bis zum Bahnhof Inzigkofen ~ nach der Donaubrücke stark bergauf ~ von oben haben Sie einen herrlichen Ausblick.

Inzigkofen

PLZ: 72514; Vorwahl: 07571

- **Gemeindeverwaltung**, Ziegelweg 2 ✆ 73070, www.inzigkofen.de
- **Klostermuseum**, im ehemaligen Kloster Inzigkofen, ✆ 73980
- **Bauernmuseum**, ✆ 52415 (Hr. E. Beck)
- **ehem. Kloster Inzigkofen,** das einstige Augustinerchorfrauenstift dient seit Mitte des 20. Jhs. als Erwachsenenbildungsstätte.
- **ehem. Klosterkirche**
- **Schau-Kräutergarten**, im ehem. Klostergelände, ÖZ: Mai-Okt., Mo-So 9-19 Uhr
- **Inzigkofer Park**, inmitten der imposanten Donausteilhänge mit den schroffen Jurakalkfelsen, durchzogen von Gehwegen und Treppen zur Besichtigung. Besondere Anziehungspunkte sind der **Amalienfelsen**, die **Teufelsbrücke**, der **Aussichtspunkt Känzele** und die **Grotten** (mächtige Felshöhle und -dächer).

Inzigkofer Park

Falls Sie ausreichend Zeit haben, sollten Sie einen Rundgang durch den Park von Inzigkofen unternehmen, in dem „durch die Munificenz Seiner Königlichen Hoheit, des Fürsten Anton von Hohenzollern, jedem ordentlichen Menschen das Lustwandeln gestattet ist". Lassen Sie Ihr Rad beim Eingang des Parks stehen und folgen Sie dem Wanderweg Richtung Amalienfelsen, der sich im östlichen Teil des Parks befindet.

Känzele

Vom Amalienfelsen führt ein steiler Weg zur Teufelsbrücke. Die Teufelsbrücke wurde 1843 als Holzbrücke erbaut, war 21,5 Meter lang und führte über einen 20 Meter tiefen Abgrund. Vermutlich verdankt die Brücke ihren Namen der folgenden Sage: Fürst Karl erteilte seinem Baumeister den Auftrag, über die Schlucht hinweg eine Brücke zu bauen. Der Baumeister antwortete seinem Herrn: „Die soll von mir aus der Teufel bauen, aber nicht ich!" Kaum hatte der Baumeister dies gesprochen, da stand auch schon der Teufel da und versprach, die Brücke zu bauen, aber unter der Bedingung, dass die Seele des Geschöpfes, das als erstes die fertige Brücke betrete, ihm gehören sollte. Man ging den Handel ein, und als die Brücke fertig war, jagte man einen räudigen Hund darüber und betrog damit den Teufel. 1895 wurde die Betonbrücke, die Sie heute sehen können, erbaut – diesmal vermutlich ohne höllische Unterstützung. Durch den anschließenden kleinen Felstunnel führt der Weg nun leicht ansteigend bis zur Fahrstraße Inzigkofen-Nickhof. Nach etwa 100 Metern geht es nach links und über ein kurzes Wiesenstück direkt auf den Wald zu. Bald gelangt man zum „Känzele", einem malerischen Felsvorsprung mit schöner Sicht auf ein liebliches

Sigmaringen

Wiesental, die sogenannte „Degernau". Vom Känzele geht's bergab zu den „Grotten", einer mächtigen Felshöhle und imposanten Felsdächern. Kurz nach dem romantischen Felsentor führt der Weg über eine Treppe unter gewaltigen Felsüberhängen steil bergan. Auf der Lindenallee können Sie zum Kloster zurückspazieren.

14 Noch in Inzigkofen gleich nach dem Kloster links abzweigen ↝ auf asphaltiertem Weg ins Tal und an Laiz vorüber.

Laiz

Immer an der Donau entlang nach Sigmaringen, wo sich das mächtige Fürstenschloss über der Hohenzollernstadt erhebt.

VARIANTE Beim Campingplatz können Sie entweder dem offiziellen Radwanderweg folgen, der an der Donau entlangführt, oder durch die Stadt fahren. Für die Stadtroute halten Sie sich beim Campingplatz rechts und für die Flussroute hingegen links.
Für die Stadtroute beim Campingplatz rechts ↝ dann immer geradeaus in die Stadt hinein.
Auf der Hauptroute am Fluss immer am Donauufer entlang.

Sigmaringen

PLZ: 72488; Vorwahl: 07571

Tourist Information, Leopoldpl. 4, ☎ 106224, www.sigmaringen.de

Fürstliches Museum, Schloss Sigmaringen, Karl-Anton-Pl. 8, ☎ 729-230, ÖZ: 29. März-2. Nov., 9-18 Uhr, 4. Nov.-28. März, 10-16 Uhr. Zweitgrößtes Stadtschloss Deutschlands. Besichtigung mit Führung: 15 Prunksäle, Exponate aus dem Privatbesitz der Fürsten von Hohenzollern; Schmuck, Accessoires, Musikinstrumente, Gemälde, Archivalien, Kunstwerke vorrangig schwäbischer Künst-

---

Apartment am Schloss

Urlaub vor dem Schloss - im Herzen von Sigmaringen!
Modern ausgestattet mit Küchenzeile, Bad und TV.
Einstellmöglichkeit für Fahrräder

72488 Sigmaringen • Fürst-Wilhelm-Str. 36
Tel.: 07571/51942 oder Mobil 0171/2871422
petra.schlageter@t-online.de

ler des 15./16. Jhs., bedeutende Waffensammlung, größte hohenzollerische Kutschensammlung der Welt.

- 🏛 **Mattes-Zündapp-Museum**, Brauerei Zoller-Hof, Leopoldstr. 40, ✆ 0173/61362277, ÖZ: Apr.-Okt., Sa, So 13-17 Uhr, Juli-Sept., Do-So 13-17 Uhr. Über 100 Exponate der legendären Nürnberger Motorradmarke Zündapp.
- 🏛 **Heimatmuseum "Runder Turm"**, Wehrturm der alten Stadtbefestigung, ÖZ: Sa-So 14-17 Uhr und Juli-Okt. Mi 14-17 Uhr, freier Eintritt
- 🏰 **Schloss Sigmaringen**, Karl-Anton-Pl. 8, ✆ 729230, ÖZ: Nov.-März 10-16 Uhr, Apr.-Okt. 9-18 Uhr, nur geführte Touren. Das Schloss ist das Wahrzeichen der Stadt und ist seit 1535 der Sitz des späteren Fürsten von Hohenzollern. Besonders sehenswert sind die fürstlichen Sammlungen, mit einer der größten privaten Waffensammlungen.
- ✉ Beheiztes **Freibad**, ✆ 63474
- ❋ **Paddel & Pedale**, ✆ 2448, Kanufahrt durchs Donautal, Fahrradtransfer

Das fürstlich-hohenzollernsche Schloss Sigmaringen, das auf einem Felsen über der Donau thront, geht auf eine Burg der Grafen von Werdenberg aus dem 11. Jahrhundert zurück. Nach einem verheerenden Brand im Jahre 1893 wurde es in Teilen von Emanuel von Seidl im Auftrag der Fürsten von Hohenzollern in seiner heutigen Gestalt neu aufgebaut.

Von Sigmaringen nach Mengen — 16 km

15 Von der Hedinger Kirche auf der **Badstraße** aus Sigmaringen heraus ⌇ die Sigmaringer Kläranlage passieren ⌇ zwischen Waldrand und der Donau nach Sigmaringendorf.

Sigmaringendorf
PLZ: 72517; Vorwahl: 07571

- ℹ **Bürgermeisteramt**, Hauptstr. 9/Wilhelm-Lehmann-Pl., ✆ 73050, www.sigmaringendorf.de
- ⛪ **Bruckkapelle**

Nach der Donaubrücke auf die mäßig stark befahrene **L 455** ⌇ an der nächsten Kreuzung nach links abzweigen ⌇ auf unbefestigtem Weg entlang der Donau ⌇ zwischen Donau und Waldrand nach Scheer ⌇ beim Ortsanfang verengt sich der Weg ⌇ nach der Eisenbahnunterführung wird der Weg wieder breiter ⌇ der Donauradweg zieht eine Schleife durch den Ort.

Scheer
PLZ: 72516; Vorwahl: 07572

- ℹ **Stadtverwaltung**, Hauptstr. 1, ✆ 76160, www.stadt-scheer.de
- 🏰 **Grafenschloss** wurde in den Jahren 1485-1496 erbaut.
- 🏰 **Schloss Bartelstein** Die alte Burg wurde im 11. und 12. Jh. erbaut. Die zweite Burg entstand im Jahr 1589 und wurde vermutlich im

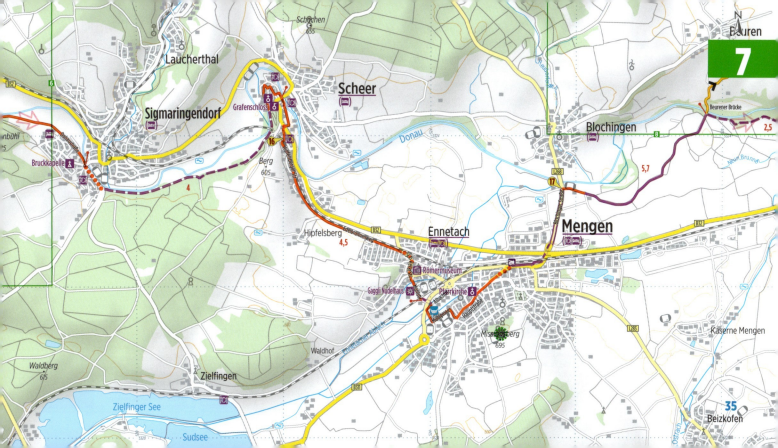

Dreißigjährigen Kieg zerstört. Das heutige Schloss wurde im 18. Jh. auf den Grundmauern errichtet.

⛪ **Kirche St. Nikolaus** entstand im 13. Jh. als dreischiffige gotische Basilika und wurde nach dem heiligen Bischof "Nikolaus von Myra" benannt.

Die kleine Stadt Scheer liegt am östlichen Ende des oberen Donautales. Hier verlässt die Donau die Schwäbische Alb und bildet alsbald ein breiteres Tal. Historische Bauten wie das Renaissanceschloss oder das Schlösschen Bartelstein zeugen von der 700-jährigen Geschichte der Stadt und der Grafschaft Friedberg-Scheer.

16 Beim Bahnhof am Ende von Scheer über die Bahngleise und nach Ennetach.

Ennetach
PLZ: 88512; Vorwahl: 07572

🏛 **Römermuseum**, Kastellstr. 52, ✆ 769504, ÖZ: März- Nov., Di-So 10-18 Uhr

Dort an der Vorfahrtstraße rechts auf den Fahrradschutzstreifen entlang der **Scheerer Straße** ~ beim Römermuseum geradeaus in die **Mühlstraße** ~ vorbei am Gaggli Nudelhaus ~ über die Bahngleise ~ danach links durch die Unterführung in die **Ablachstraße** ~ rechts

Blick auf Mengen vom Missionsberg aus

~ am Freibad vorbei ~ über die Brücke links ins **Mühlgassle** und am Ende wieder links auf die Hauptstraße von Mengen.

Mengen
PLZ: 88512; Vorwahl: 07572

ℹ **Stadtverwaltung Mengen**, Hauptstr. 90, ✆ 6070, www.mengen.de

⛪ **Aussichtsturm** auf dem Missionsberg

✳ **Mittelalterliches Stadtbild**

Hotel Baier
Ihr Radler-Hotel in Mengen
Hauptstr. 10, 88512 Mengen
Tel: 07572/7621-0; Fax: DW-44
www.hotel-baier.de

Preiswerte 29 Gästezimmer alle mit DU/WC, zum Teil mit TV, Frühstücksbuffet, Wasch- und Service-Gelegenheit fürs Rad, abschließbare, ebenerdige Fahrradgarage, gutbürgerliche deutsche Küche, direkt am Radweg, Trockenraum, Terrasse

✴ **Gaggli Nudelhaus,** Mühlstr. 8-10, ✆ 759-440, ÖZ: Führungen Di-Do 10 Uhr und 14 Uhr, Anmeldung erforderlich. Bei der Führung erleben Sie die Nudelproduktion vom Eieraufschlag bis hin zur Verpackung hautnah mit.

✉ **Zielfinger See**

🚲 **Zweiradcenter Bacher GbR,** Mittlere Str. 33, ✆ 5696

Das Stadtbild von Mengen ist von zahlreichen, gut erhaltenen Fachwerkhäusern und Herrschaftshäusern geprägt. Lassen Sie sich zu einem kleinen Rundgang einladen. Der Mengener Stadtführer „Mengen – ein Gang durch die Altstadt" hilft Ihnen dabei, Sie können sich allerdings auch von einem Stadtführer auf einen Rundgang durch die bewegte Geschichte der Fuhrmannstadt mitnehmen lassen. Von der frühen Besiedlung der Gegend zeugen zahlreiche Funde aus der Hallstatt- und Römerzeit. Das im Juli 2001 neu eröffnete und bereits mehrfach ausgezeichnete Römermuseum Mengen-Ennetach, direkt am Donauwanderweg gelegen, bietet nicht nur die Funde, die rund um die Stadt gemacht wurden,

Mengen, Römermuseum

sondern ermöglicht mit neuster Multimedia-Technik auch Einblicke in das Leben der „alten Römer". Mengen wurde unter den Staufern mit dem Stadtrecht bedacht, kam in habsburgischen Besitz und erhielt 1276 dieselben Rechte und Freiheiten wie die Stadt Freiburg im Breisgau. Bis 1806 blieb Mengen eine der fünf sogenannten vorderösterreichischen Donaustädte und kam dann zu Württemberg.

Von Mengen nach Riedlingen — 18 km

Die Hauptstraße entlang welche in die **Riedlinger Straße** übergeht ～ geradeaus durch den Kreisverkehr am Bahnhof und danach auf den straßenbegleitenden Radweg ～ wieder an der B 311 links und unter den Bahngleisen hindurch ～ weiter auf dem Radweg neben der **Blochinger Straße** ～ **17** vor der Donau rechts ～ an der Gabelung die linke Möglichkeit wählen, also geradeaus weiter ～ kurz darauf, an der nächsten Gabelung, rechts halten ～ einen Linksbogen fahren ～ an der folgenden Gabelung rechts halten ～ dem Wegeverlauf bis zur Beurener Brücke folgen.

VARIANTE Über die Beurener Brücke haben Sie die Möglichkeit, nach Beuren hinaufzufahren. Weiter auf der Straße Beuren-Hundersingen, von dort oben haben Sie eine traumhafte Aussicht auf das Donautal. Auch an der Heuneburg, einer weitläufigen vorchristlichen Anlage kommen Sie vorbei, wenn Sie erst in Binzwangen wieder zur Donau zurückkehren. Diese Alternativroute ist in der Karte 8 orange dargestellt.

Herbertingen-Hundersingen
PLZ: 88518; Vorwahl: 07586

ℹ **Bürgermeisteramt** Herbertingen, Holzg. 6, ✆ 92080

🏛 **Heuneburgmuseum und Freilichtmuseum Keltischer Fürstensitz Heuneburg,** Binzwanger Str. 14, ✆ 1679, ÖZ: Apr.-Okt., Di-So, Fei 10-17 Uhr. Zu sehen gibt es eine teilweise rekonstruierte frühkeltische Besiedlung an der oberen Donau (600 v. Chr.) sowie originale Funde. Archäologischer Wanderweg zum höchsten Grabhügel Mitteleuropas.

Privater Brauerei-Gasthof **ADLER**
88518 Hundersingen, Ortsstr. 1
19 Zi, Du, WC, TV, WLAN
Frühstücksbuffet
Tel.: 07586/378 Fax.: /5360
www.adlerbrauerei.com

Freilichtmuseum Heuneburg

🔧 **Hinderhofer Landmaschinen**, Binzwanger Str. 24, ☎ 203

Auf der Hauptroute bleiben Sie am rechten Ufer der Donau ～ anfangs unbefestigt, dann asphaltiert auf einem autofreien Weg ～ an einer T-Kreuzung links und danach an der Gabelung links ～ an der Hauptstraße (**K 8261**), die links nach Hundersingen führt, rechts einbiegen ～ kurz darauf wieder links ab ～ weiter Richtung Binzwangen ～ **18** Sie queren die **L 278**.

Binzwangen

AUSFLUG Sie können hier einen kurzen Abstecher von ca. 3,5 km nach Ertingen machen.

Ertingen
PLZ: 88521; Vorwahl: 07371

🛈 **Bürgermeisteramt**, Dürmentinger Str. 14, ☎ 5080

🏛 Michel-Buck-Stube

⛪ **Marienkapelle** von 1693 (Deckenmalereien von J.-I. Wegscheider)

✉ **Freizeitzentrum Schwarzachtalseen**

VARIANTE Von Binzwangen nach Riedlingen gibt es zu beiden Seiten der Donau einen schönen beschilderten Radweg. Sie können sich hier entweder für die direkte Route am rechten Ufer oder für die etwas längere, aber dafür durchgehend asphaltierte Route am linken Ufer über Altheim nach Riedlingen entscheiden.

Am linken Ufer 8,5 km

Nach links auf den straßenbegleitenden Radweg der L 278 ～

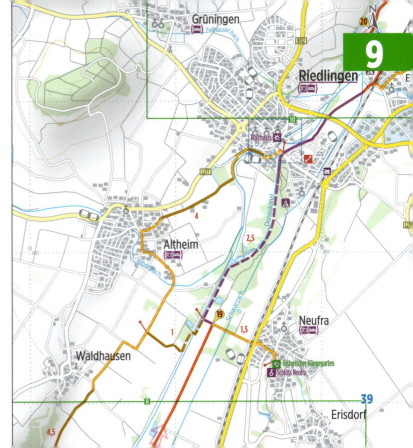

Auf dem kleinen Sträßchen gelangen Sie auf der **Donaustraße** nach Altheim.

Altheim

Im Ort rechts in den **Sandgrubenweg** ↝ am Ortsausgang halb rechts in den asphaltierten Radweg ↝ nach dem Wäldchen vor dem Donaudamm links ↝ rechts weiter entlang der Donau ↝ rechts auf die etwas befahrene Straße ↝ über eine schmale alte Brücke über die Donau ↝ an der Vorfahrtstraße rechts auf die stark befahrene Straße ↝ über den Donaukanal und danach links in den asphaltierten Radweg.

Riedlingen s. S. 41

18 Auf der Hauptroute fahren Sie in Bizwangen geradeaus über die L 278 in das Gewerbegebiet ↝ nach 200 m rechts und dann dem Sträßchen nach Neufra folgen ↝ **19** nach 4,5 km an der T-Kreuzung nach links vor zur Donau.

Hier können Sie auch nach rechts abbiegen, um dem Schloss Neufra einen Besuch abzustatten.

Blick auf Schloss Neufra

Neufra

Schloss Neufra, ÖZ: April-Okt., Di-So

Der „Hängende Garten" ist eine besondere Attraktion des Schlosses. Der ehemalige Renaissancegarten, den Graf Georg von Helfenstein zwischen 1569 und 1573 auf 16 Meter hohen Stützmauern erbauen ließ, wurde neu gestaltet und zur Besichtigung freigegeben, der Garten bietet eine schöne Aussicht ins Donautal. Geöffnet ist er von April bis Oktober, täglich außer Montag.

Nach 150 m rechts auf den gekiesten Radweg einbiegen ↝ an der regulierten Donau entlang ↝ nach 2,5 km erreichen Sie Riedlingen, links über die Brücke gelangen Sie in das Ortszentrum.

direkt nach der Donaubrücke rechts in die **Donaustraße** abzweigen ↝ diese geht nach 300 m in einen Radweg über ↝ nach 800 m links auf dem Asphaltweg weiter ↝ nach 1,3 km links und nach 100 m wieder rechts ↝ an der T-Kreuzung rechts und nach 200 m wieder links ↝ einfach dem asphaltierten Sträßchen folgen.

AUSFLUG Nach rund 250 m zweigt nach rechts ein Radweg zum rechten Donauufer nach Neufra ab.

Riedlingen

PLZ: 88499; Vorwahl: 07371

- **Stadtinformation** im Rathaus, Marktpl. 1, ✆ 1830, www.riedlingen.de
- **Museum „Schöne Stiege"** Rössleg. 1, ✆ 909633, ÖZ: April-Dez., Fr, Sa 15-17 Uhr, So 14-17 Uhr und weitere Ausstellungsräume im **„Alten Spital zum Hl. Geist"**, Am Wochenmarkt 3
- **Katholische Stadtpfarrkirche St. Georg**, der spätgotische Stil stammt aus dem 15. Jh., interessant vor allem die Taufkapelle.
- **Wegscheiderhaus**, im 18. Jh. von dem bekannten Riedlinger Maler Josef Ignaz Wegscheider gestaltet
- **Rathaus**, markantestes Bauwerk Riedlingens im gotischen Stil mit zwei Staffelgiebeln
- **Radsport Günzel**, Unterriedstr. 15, ✆ 927298

Die Besiedelung Riedlingens geht auf einen Besitz Ludwig des Frommen aus dem Jahr 835 zurück. Zwischen 1247 und 1255 wurde von den Grafen von Veringen östlich des Weilers eine typische Gründungsstadt angelegt, in rechteckiger Form mit rechtwinklig geführten Straßen, wobei die Hauptstraße zum Marktplatz ausgebaut wurde. Später, im 14. Jahrhundert, vergrößerten die Bewohner ihr Städtchen durch Einbeziehung des älteren Weilers und des Gebietes zur Donau hin. Die Lage an der Kreuzung zur vielbefahrenen Wasserstraße begünstigte den jungen Markt, von dessen späterer Bedeutung und Reichtum das prächtige Kauf- und Grethaus, das heutige Rathaus, die Stadtbefestigung, die charaktervolle Donauseite sowie die aufwändigen Fachwerkhäuser zeugen. Riedlingen ist eine der wenigen Städte der Region, die früher trotz ihrer geographisch güns-

Landgasthof Sonne
11 Gästezimmer, liebevoll und individuell nach modernem Standard eingerichtet, Du/WC, TV, Appartment. Kostenl. WLAN im ganzen Haus
Preise pro Nacht und Person inkl. Frühstück im DZ ab € 29,-- / EZ ab € 35,--
Regionale Gerichte im Speiselokal.

88527 Unlingen • Hauptstr. 37 • Tel.: 07371/8574
Fax: 07371/923186 • www.Sonne-Unlingen.de

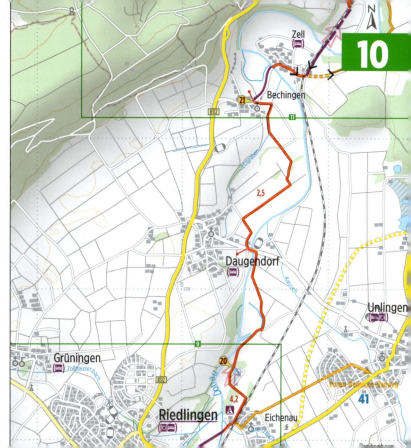

tigen Lage von Plünderungen und Kriegswirren weitgehend verschont geblieben sind.

Unser kleiner Spaziergang beginnt beim Rathaus. Es ist ein markantes Gebäude mit Staffelgiebeln, das 1447 erbaut wurde und früher als Korn- und Lagerhaus diente. Das Storchennest auf dem Dach ist jedes Jahr bewohnt. Über den Marktplatz gelangt man zur „Alten Kaserne" in der Apothekergasse, einem Kornkasten aus dem Jahr 1686, dann geht es zum Haus mit der „Schönen Stiege" am Wochenmarkt, das heute das Museum beherbergt. Gegenüber befindet sich das „Alte Spital". Durch das Tor am Stadtgraben kommt man entlang der Stadtmauer über den Friedhof zum ehemaligen Kapuzinerkloster. In der Spitalkirche sind Werke der berühmten Riedlinger Künstler J. J. Christian und Johann de Pay zu sehen.

Über die Hospitalstraße und die Gammertinger Straße können Sie nun zur Weilervorstadt spa-

Riedlingen

zieren. Hier steht die barocke Weilerkapelle aus dem Jahr 1721, die zu Ehren der vierzehn heiligen Nothelfer erbaut wurde. Dieser Ausdruck bezeichnet eine Gruppe von Heiligen, die für die verschiedensten Notlagen zuständig sind. Die Gruppe ist etwa ab dem 14. Jahrhundert in zahlreichen kirchlichen Darstellungen zu finden. Auf dem Rückweg zum Rathaus kommen Sie am Wegscheiderhaus in der Lange Straße vorbei. Dies ist ein barockes Stadtpalais aus dem Jahr 1742, in dem heute die Fernhochschule Riedlingen untergebracht ist. Gönnen Sie sich zum Abschluss eine kleine Rast in der Grünanlage hinter dem Rathaus. Hier kann man noch Reste der Stadtbefestigung entdecken: das Zwiefalter Tor und den Zellemeesturm.

Von Riedlingen nach Munderkingen — 25 km

Ein Radweg bringt Sie aus der Stadt Riedlingen hinaus und führt zum Vöhringer Hof ~ ein kurzes Stück parallel zur Eisenbahn ~ **20** an der Kläranlage vorüber ~ auf dem Sträßchen weiter nach Daugendorf.

Daugendorf

Bei Daugendorf wieder einmal auf das Nordufer der Donau wechseln ~ gleich bei der ersten Häusergruppe rechts einbiegen ~ an der Kreuzung rechts, so kommen Sie nach Bechingen.

Bechingen

21 In Bechingen rechts auf den straßenbegleitenden Radweg der K 7545 einbiegen ~ kurz vor Zell die Donau überqueren und auf der K 7545 durch Zell.

Zell

Nach der Bahnbrücke links auf den asphaltierten Radweg ~ nun für 500 m entlang der Bahnlinie.

Gaststätte **Berghofstüble**
Fam. Widmann
Reutlingendorferstr. 5, D-89611 Obermarchtal
Tel.: 07375/266, Fax: 07375/922244
info@berghofstueble.de
www.berghofstueble.de
10 Doppelzimmer mit Du/WC € 40,-/Person
Einzelzimmer € 52,-

TIPP Auf dem schmalen, unangenehm zu fahrenden Gitterrost der Bahnbrücke über die Donau vorsichtig fahren oder besser schieben. Auf der anderen Donauseite entlang der Bahn weiter ~ nach 500 m links über die Bahn ~ danach rechts auf der Straße nach Zwiefaltendorf hinein.

Zwiefaltendorf

AUSFLUG Von hier aus ist ein Abstecher nach Zwiefalten mit seinem sehenswerten ehemaligen Benediktinerkloster möglich. Zwiefalten liegt wenige Kilometer westlich, die Radroute führt von Zwiefaltendorf links der Zwiefalter Ach nach Zwiefalten.

Nach Zwiefalten   6 km

Im Ort schon vor der Hauptstraße links und nach dem Bächlein rechts ~ links der Zwiefalter Ach radeln Sie nach Zwiefalten.

Radlerherberge Auchter
D-88529 Zwiefalten-Baach, Talweg 12,
Tel.: 07373/1422 Fax: 07373/915699
www.radlerherberge.de
Denkmalgeschütztes Gebäude direkt am Donauradwanderweg ·Übern. mit Frühstück ·Ferienwohnung ·gemütliche Herbergsstube ·selbstgeb. Kuchen u. Kaffee ·Vesper

Zwiefalten
- **Tourist-Information**, im Rathaus, Marktpl. 3, ✆ 20520
- **Benediktinerkloster und Münster Zwiefalten**, ✆ 2252, Münster ÖZ: Sommer tägl. 9.30-18 Uhr, Winter Mo-Sa 10-16 Uhr und So 9.30-16 Uhr

Im ehemaligen Benediktinerkloster Zwiefalten entfaltete sich einst die üppige Kunst des Spätbarock und des Rokoko.

Auf demselben Weg kehren Sie nach Zwiefaltendorf zurück.

In Zwiefaltendorf rechts auf die **L 271** ~ die Donau überqueren und vor dem Bahnübergang links in den asphaltierten Weg entlang der Bahn ~ nach Überquerung der Eisenbahn beginnt der asphaltierte sehr steile Anstieg nach Datthausen.

Datthausen

Noch im Ort die B 311 überqueren ~ danach links auf die kleine Straße neben der B 311 ~ nach 1,3 km unter der Straßenbrücke der B 311 hindurch bis zur T-Kreuzung.

VARIANTE Hier haben Sie wieder zwei Möglichkeiten, ihre Radtour fortzusetzen. Nach links führt die Hauptroute über Rechtenstein mit seiner imposanten Burg und dann im romantischen Donautal nach Untermarchtal. Nach rechts fahren Sie auf direktem Wege über Obermarchtal mit der sehenswerten Klosterkirche und schöner Aussicht ins Donautal nach Untermarchtal.

Münster Obermarchtal mit Fischtreppe

Über Obermarchtal   5,5 km

An der T-Kreuzung rechts auf das Asphaltsträßchen ~ entlang der B 311 ~ am Ortseingang von Obermarchtal links in die **Sebastian-Sailer-Straße**.

VARIANTE Im Zentrum von Obermachtal kann man die Hauptroute im Donautal oder die Alternativroute wählen.

Obermarchtal
PLZ: 89611; Vorwahl: 07375
- **Bürgermeisteramt**, Hauptstr. 21, ✆ 205

- **Klosterkirche Obermarchtal**, 2001 zum Münster erhoben, Führungen: ✆ 959100. Ehemaliges Prämonstratenser-Chorherrenstift, älteste Barockkirche Oberschwabens. Kunstgeschichtliche Kostbarkeiten wie das Sommerrefektorium, der Spiegelsaal und Stuckarbeiten.
- **Soldatenfriedhof**, auch „Friedhof der Fremden" genannt, da hier seit 1790 Reisende, Pilger und viele Soldaten begraben wurden.

In Obermarchtal liegt eine ehemalige Prämonstratenserabtei. Die Stuckornamente in der Kirche sind schönster deutscher Barock und zählen zu den Spitzenleistungen der Wessobrunner Schule. Im südöstlichsten Pavillon logierte die jüngste Tochter von Kaiserin Maria Theresia, Marie Antoinette, als Sie auf dem Weg nach Paris zu ihrem Bräutigam war. Anfang des 19. Jahrhunderts wurde das Kloster aufgelassen und ging in den Besitz der Fürsten Thurn und Taxis über. Seit 1973 ist die Kosteranlage Eigentum der Diözese Rottenburg-Stuttgart.

Nach 200 m links in den asphaltierten Feldweg ~ nun immer geradeaus ~ der kurzzeitig geschotterte Weg führt Sie durch Ackerfluren ~ an der T-Kreuzung im kleinen Bachtal links auf Asphalt ~ hinunter nach Untermarchtal.

22 Die Hauptroute zweigt an der T-Kreuzung links auf das Asphaltsträßchen ab ~ nach 2,5 km links auf die L 249 ~ die Donau überqueren und in Rechtenstein rechts abzweigen.

Rechtenstein
PLZ: 89611; Vorwahl: 07375
- **Bürgermeisteramt**, Braunselweg 2, ✆ 244, www.rechtenstein.de

Rechtenstein

Ruine Burg Hohwart
Vom Aussichtspunkt Hohwart in Rechtenstein können Sie bereits Obermarchtal sehen, das inmitten einer üppigen Landschaft liegt. Die romanische Burg Hohwart aus dem 12. Jahrhundert ist seit Anfang des 18. Jahrhunderts eine Ruine. Im malerischen Donauknie liegt das Naturschutzgebiet Braunselhau mit seinen romantischen Altwassern und überhängenden Felsen, das dahinterliegende Schelmental mit bizarren Felsnadeln können Sie auf einem kurzen Ausflug zu Fuß erkunden.

Nach 200 m rechts in die **Brühlhofstraße** ~ dem Asphaltband folgen ~ nach dem Bahnübergang links in den asphaltierten Radweg, der nach 100 m in einen gekiesten übergeht.

AUSFLUG Hier können Sie auch geradeaus nach Obermarchtal fahren.

Durch das Naturschutzgebiet der Lautermündung ~ dann links über den Bahnübergang und gleich wieder rechts ~ der Feldweg geht in ein asphaltiertes Sträßchen über, auf dem Sie nach Untermarchtal kommen.

Untermarchtal
PLZ: 89617; Vorwahl: 07393
- **Infozentrum**, Bahnhofstr. 4, ✆ 917383
- **Erstes Besenmuseum** der Welt, im Schloss Mochental, ✆ 07375/418, ÖZ: Di-Sa 13-17 Uhr, So/Fei 11-17 Uhr
- **Schloss Mochental**

23 In Untermarchtal geht es weiter auf der L 257 ~ am Ortsende auf den rechtsseitigen Radweg an der L 257 wechseln ~ nach einem ansteigenden Stück rechts nach Algershofen abzweigen ~ am Ortsende von **Algershofen** beginnt eine schöne Allee, die nach Munderkingen führt ~ an der K 7421 links und an der nahen **Schillerstraße** ebenfalls ~ halb links auf den **Obertorplatz** und geradeaus in die **Martinstraße** ~ links in die **Kirchgasse**.

Munderkingen

PLZ: 89597; Vorwahl: 07393

- **Tourist-Information**, Alter Schulhof. 2, ✆ 9534581, www.munderkingen.de
- **Städtisches Museum**, im ehemaligen Heilig-Geist-Spital, Schulhof 1, ✆ 2856, ÖZ: April-Nov., So 14-17 Uhr u. n. V. Thema: Lokale Funde, das Leben aus der Zeit der Römer und Alemannen (bronzene Merkurstatuetten), Stadt- und Kirchengeschichte, Bürstenherstellung, Puppen und Puppenstuben u. a. m.
- **Historischer Stadtkern:** mit Rathaus (1563), schönen Fachwerkhäusern und drei Renaissancebrunnen.

Die ehemals vorderösterreichische Stadt Munderkingen wird von der Donau umflossen. Die malerische Altstadt ist von hohen Giebelhäusern, verwinkelten Gassen und zahlreichen Kirchen geprägt.

Von Munderkingen nach Ehingen 14 km

An der Stadtkirche St. Dionysius vorüber und rechts in die **Donaustraße** ~ am Rathaus vorbei und über den Fluss ~ an der ersten Möglichkeit rechts ~ nach ca. 300 m auf den Radweg entlang der L 257 ~ die Kreuzung mit dem Angerweg überqueren ~ nach 500 m die Straßenseite wechseln und die Bahn überqueren ~ wiederum die Straßenseite wechseln und auf den rechtsseitigen Radweg der L 257.

Rottenacker

In Rottenacker endet der Radweg an der Kirche ~ Hauptroute und Variante treffen am schön angelegten Rastplatz aufeinander ~ auf der Hauptstraße durch den Ort.

Rottenacker

PLZ: 89616; Vorwahl: 07393

- **Bürgermeisteramt**, Bühlstr. 7, ✆ 95040, www.rottenacker.de
- **Heimatmuseum „Wirtles Haus"**, ÖZ: Mai-Okt., 1. und 3. So im Monat 14-17 Uhr u. n. V. Führungen: ✆ 95040. Thema: Altes Handwerk, Leben an der Donau, Separatismus, u. v. m.
- **sehenswerte Ortsmitte** (2005 zwei Mal prämiert)
- **Badesee Heppenäcker**, schön gelegener See mit Sanitäranlagen und Kiosk

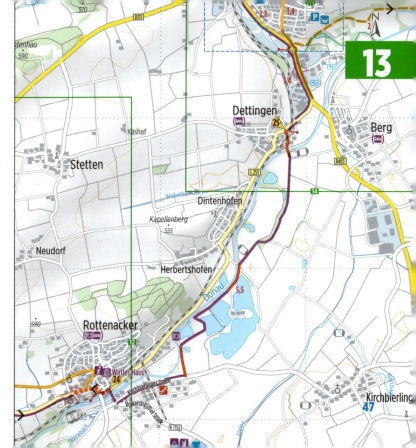

Ehingen

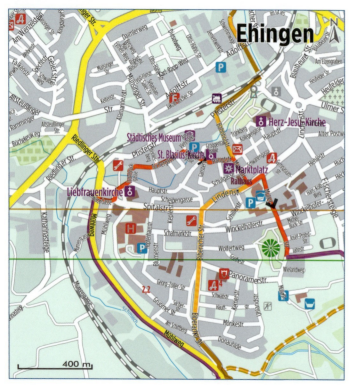

Ehemaliges Benediktinerkolleg in Ehingen

In Rottenacker die Bahnlinie überqueren ~ links in die **Bahnhofstraße** (L 255) ~ **24** nach 100 m rechts ab in den Radweg ~ auf der alten Brücke die Donau überqueren ~ links auf den Radweg an der **Kirchbierlinger Straße** (L 257) ~ nach einem Kilometer links ~ an der Kläranlage vorüber ~ rechts nach Dettingen ~ kurz vor Dettingen die Donau überqueren.

Dettingen

Über die Bahngleise ~ **25** an der Vorfahrtstraße rechts auf die L 255 ~ zunächst auf dem rechtsseitigen Radweg der L 255 ~ nach 200 m links auf den linksseitigen Radweg an der stark befahrenen B 465 weiter ~ nach 2 km überqueren Sie bei der Fußgängerampel die B 465 und folgen der Radwegbeschilderung bis zum Marktplatz von Ehingen.

Ehingen
PLZ: 89584; Vorwahl: 07391

- **Tourist-Info**, Marktpl. 1, ✆ 503216, www.ehingen.de
- **Städt. Museum und Spitalkapelle**, Am Viehmarkt, ✆ 503-531; ÖZ: Mi 10-12 Uhr und 14-17 Uhr, Sa ,So 14-17 Uhr. Führung n. V. Sammlung profaner und sakraler Kunstgegenstände, Handwerkskunst, bäuerliche und bürgerliche Wohnkultur wird anschaulich dokumentiert, exotische Tiersammlung. In der spätgotischen Spitalkapelle befinden sich beeindruckende Wandmalereien.
- **Städtische Galerie Ehingen**, Tränkberg 9, ✆ 503-500

- **Stadtpfarrkirche St. Blasius**
- **Franziskanerkloster** mit **Liebfrauenkirche**
- **Ehemaliges Benediktinerkolleg** mit **Herz-Jesu-Kirche**
- **Marktplatz** mit **Ständehaus**, **Marktbrunnen**, ehem. **Ritterhaus**
- **Wolfertturm**, **Stadtmauer**
- **Stadtführung**, nach Voranmeldung, ✆ 75065 od. 503531
- **Ehinger Musiksommer**, Juni-Juli, **Open Air Filmfestival**, Aug., **Ehinger Jazztage**, Okt., genauere Infos bei der Tourist-Info
- Ehinger **Radtouren für Genießer**, **Museen Tour** und **Öko-Touren**, genauere Infos bei der Touris-Information
- **Freibad**, An der Donauhalde, beheizt
- **Radgarage**, Biberacher Str. 4, ✆ 52483
- **Rad und Sport Ersing**, Hauptstr. 195, ✆ 7819642
- **Jürgen Bott**, Funkenweg 8, ✆ 752191

In Ehingen haben Sie nun die Qual der Wahl. Entweder Sie radeln weiter der Donau entlang nach Ulm, oder Sie lassen sich auf einer idyllischen Fahrt durch das Blautal nach Blaubeuren zum berühmten Blautopf entführen.

Variante Blautal 42,5 km

Von Ehingen nach Blaubeuren 21 km

TIPP Die Variante durch das Blautal beginnt in Ehingen am Marktplatz. Die Beschilderung lautet: Donau-Radweg, Alternative Blautal und führt zum Bahnhof hinüber. Vor dem Bahnhof nach rechts ~ hier am besten schon auf der linken Seite weiterradeln ~ beim Kreisverkehr links ab in den Radweg ~ unter der Bahnbrücke hindurch ~ entlang des Baches weiter ~ die Vorfahrtsstraße geradeaus in die Seitengasse überqueren ~ unter der Bundesstraße hindurch ~ die Querstraße kreuzen und links auf dem Radweg entlang der **Rosenstraße** weiter ~ die nächste Ortschaft ist **Berkach** ~ rechts in die **Allmendinger Straße** einbiegen und dann immer geradeaus

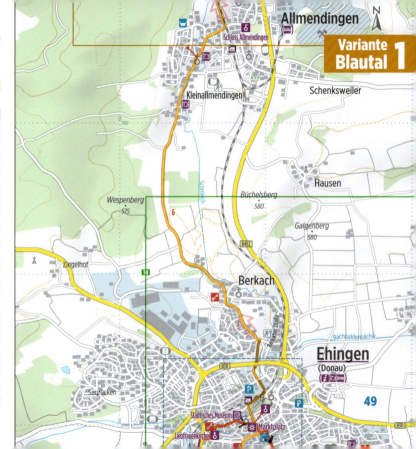

Variante Blautal 1

49

Variante Blautal 2

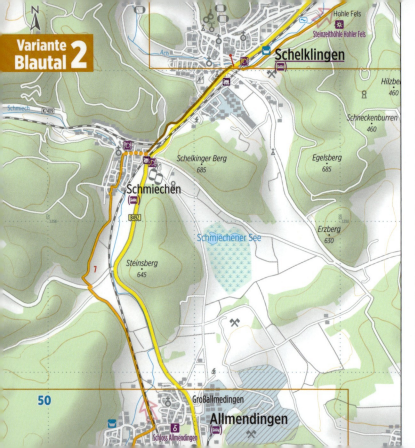

↝ auf einer ruhigen Straße nach Allmendingen.

Allmendingen
PLZ: 89604; Vorwahl: 07391

ℹ️ **Gemeindeverwaltung**, Hauptstr. 16, ☎ 70150

Hier immer dem Straßenverlauf der **Kleindorfer Straße** folgen ↝ noch vor den Bahngleisen links in die Straße **Katzensteige** ↝ an der nächsten Vorfahrtstraße rechts und gleich wieder links ↝ ein Güterweg führt nach **Schmiechen** ↝ dort an der Wohnstraße rechts ↝ an der T-Kreuzung wieder rechts ↝ dem Straßenverlauf folgen bis zur Ortsdurchfahrtsstraße ↝ dort rechts auf die K 7409 ↝ dieser aus dem Ort hinaus folgen ↝ nach der Linkskurve auf den Radweg wechseln ↝ anschließend dem Radweg entlang der B 492 nach Schelklingen folgen.

Schelklingen

✳ **Steinzeithöhle „Hohle Fels"**, ☎ 07394/595 od. 2685 od. 916766. Besichtigungen So ab 14 Uhr u. n. V.

Geradeaus in den Ort ↝ am Abzweig zur B 4 vorbeifahren ↝ vor der Brücke über die Ach rechts abbiegen ↝ am Gasthof Hohle Felsen vorbei ↝ unter der Eisenbahn hindurch ↝ am **Freibad** entlang und vorbei an der Steinzeithöhle „Hohler Fels".

Bei der nächsten Kreuzung links halten ↝ noch vor der Bahn rechts weiter nach **Weiler** ↝ bei den ersten Häusern über die Brücke ↝ an der Bundesstraße geradeaus in die Ortschaft hinein ↝ rechts in die **Aachtalstraße** ↝ wieder rechts in den **Wiesenweg** ↝ dieser geht in einen Radweg entlang der Straße über, der nach Blaubeuren führt.

Blaubeuren
PLZ: 89143; Vorwahl: 07344

ℹ️ **Tourist-Information**, Kirchpl. 10, ☎ 9669-90, www.blaubeuren.de

🏛 **Urgeschichtliches Museum**, Kirchpl. 10, ☎ 9669-90, www.urmu.de, ÖZ: 15. März-30. Nov. Di-So 10-17 Uhr, 1. Dez.-14. März Di und Sa 14-17 Uhr, So 10-17 Uhr

Blaubeuren, Alte Schmiede am Blautopf

- **Schubartstube**, im ehemaligen Amtshaus des Klosters Blaubeuren, Infos: ✆ 962625, ÖZ: n. V. Literarische Gedenkstätte für die Dichter Ch. F. D. Schubart, Eduard Mörike und Agnes Sapper.
- **Benediktinerkloster mit Hochaltar**, Klosterhof 2, ✆ 962625, www.seminar-blaubeuren.de, ÖZ: März-Nov. 10-18 Uhr, 2. Nov.-28. Feb. Mo-Fr 14-16 Uhr, Sa und So 11-16 Uhr
- **Stadtführungen**, Treffpunkt Sa und So. 14.30 Uhr bei der Touristinfo, für Gruppen auf Anmeldung ganzjährig buchbar
- **Blautopf**, sagenumwobene über 20 m tiefe Karstquelle, ganzjährig zugänglich. Sein unterirdisches Höhlensystem ist über 1.200 Meter in den Berg hinein erforscht.
- **Hammerschmiede am Blautopf** und Filmvorführung "Mythos Blautopf", Blautopfstr. 9, ✆ 921027, www.blautopf.de, ÖZ: Palmsonntag-31.Okt. tägl. 9-18 Uhr, 1.Nov.-Palmsonntag Sa, So 11-16 Uhr
- **Badhaus der Mönche** (erbaut um 1510), Kloserhof 11, ✆ 921026, ÖZ: 31. März-31. Okt., Di-Fr 14-16 Uhr, Sa und So 10-17 Uhr
- beheiztes **Freibad**, Mühlweg 16, ✆ 3956, ÖZ: Mai-Sept.
- **Hallenbad**, Dodelweg 16, ✆ 7043, ÖZ: Okt.-April
- **Rad Käppeler**, Karlstr. 52, ✆ 6398
- **Bike-Station**, Karlstr. 66, ✆ 922707
- **Velo Blaubeuren**, Karlstr. 18, ✆ 1779903

Bei der großen Kreuzung mit Hilfe der Ampeln die B 28 queren ⤳ Sie landen auf dem Wendeplatz der **Weilerstraße** ⤳ nach der Kurve immer geradeaus ⤳ nach 800 m rechts ⤳ an der **Karlstraße** links abbiegen ⤳ im Anschluss auf der **Klosterstraße** weiterfahren ⤳ rechts ab in die **Blautopfstraße** und schon stehen Sie vor dem **Blautopf**.

Von Blaubeuren nach Ulm 21,5 km

Für die Weiterfahrt auf derselben Straße weiter ⤳ die Straße gabelt sich ⤳ nun auf dem **Mühlweg**, der nach unten führt, bleiben ⤳ die Schilder weisen ans andere Ufer ⤳ direkt vor dem Hallenbad nach links ⤳ in der Rechtskurve dem Straßenverlauf folgen ⤳ dann links ab auf einen Rad- und Fußweg entlang der Blau nach Gerhausen.

Gerhausen

In Gerhausen kurzzeitig links auf die Hauptstraße ⤳ dann rechts ab in die Straße **Unter dem Schillerstein** ⤳ an der nächsten Vorfahrtsstraße links ⤳ beim Fabrikgebäude wieder rechts ab ⤳ dann links in die **Gartenstraße** ⤳ hier wieder rechts ⤳ vor der Blaubrücke dann rechts ab ⤳ immer rechts der Blau ⤳ von nun an immer im Tal unten bleiben ⤳ anfangs auch ständig auf Asphalt ⤳ ab dem Hohenstein folgt ein unbefestigtes Wegstück.

Arnegg

Gleich zu Beginn von Arnegg links in den **Oberen Wiesenweg** ⤳ in einer Rechtskurve zur Vorfahrtsstraße, hier links ⤳ immer geradeaus

Beeindruckendes Blau – der Blautopf

auf der L 1244 durch den Ort, bis die Route kurz vor Ortsende links abzweigt ~ auf unbefestigtem Weg nach Blaustein.

Blaustein
PLZ: 89134; Vorwahl: 07304

- **Bürgermeisteramt**, Marktpl. 2, ✆ 8020
- **Bad Blau** mit Saunadorf und Soleaußenbecken
- **Radsport Pfister**, Max-Hilsenbeck-Str. 7, ✆ 42192

Blaustein liegt direkt vor den Toren der Wissenschaftsstadt Ulm, an der Schnittstelle von Oberschwaben und Schwäbischer Alb, in einer Landschaft von ausgedehnten Wäldern und Wacholderheiden.

Klingenstein
Am Ortseingang vom Ortsteil Klingenstein links über die Blau und die Bahngleise ~ gleich danach rechts weiter ~ an der **B 28** rechts und gleich wieder links in die **Ehrensteiner Straße** ~ links in den **Josefweg** ~ am Ende der Straße rechts auf dem Radweg entlang der Blau weiter ~ die Route führt an den Sportplätzen vorbei ~ weiter entlang der Blau ~ die folgenden drei Querstraßen überqueren ~ die Route verläuft anschließend parallel zu den Bahngleisen ~ dem Verlauf der Gleise folgen ~ dabei die K 9915 unterqueren ~ kurz darauf rechts die Gleise unterqueren ~ der Radweg führt zur B 28 ~ die K 9903 unterqueren ~ anschließend die B 28 unterqueren ~ auf den Radweg entlang der Blau wechseln ~ rechts an der **Magirusstraße** über die Blau und danach links ab in den Radweg ~ die Blau nach links überqueren ~ gleich danach rechts halten und dem Wegeverlauf entlang der Kleinen Blau folgen ~ die B 10 unterqueren ~ danach rechts auf den Radweg an der B 10 ~ beim **Ehinger Tor** links auf den Radweg an der **Neuen Straße**, auf dem Sie die Bahngleise unterqueren ~ nach der Unterführung links in einer Schleife hinauf zur Bahnlinie ~ entlang der Bahnlinie und durch eine Parkanlage zurück zur Donau ~ dort nach links auf den asphaltierten Radweg.

Ulm
s. S. 57

Von Ehingen nach Ulm 32,5 km

Vom Marktplatz in Ehingen aus rechts zum Kulturzentrum Lindenhalle ~ dort links auf die **Lindenstraße** ~ gleich wieder rechts ab in die **Müllerstraße** ~ am Ende der Steigung links auf den Radweg ~ mit schöner Aussicht auf das Donautal auf dem Radweg Richtung **Nasgenstadt** ~ an der T-Kreuzung mit der Straße **Gollenäcker** rechts und nach wenigen Metern rechts in die **Kapellenstraße** ~ an der T-Kreuzung rechts und in einem langen Linksbogen der Kapellenstraße folgen.

Nasgenstadt
Rechts auf den rechtsseitigen Radweg an der L 259 ~ die Donau überqueren ~ am Ortsrand von Griesingen die Straße kreuzen.

Griesingen
Dem Radweg in einem Links-rechts-Bogen folgen und am **Riedweg** links ~ nach rund 1 km rechts ~ an der T-Kreuzung mit der **Rißtisser Straße** links ~ bei den ersten Häusern von Öpfingen rechts in den Ersinger Weg.

Öpfingen
PLZ: 89614; Vorwahl: 07391

- **Bürgermeisteramt**, Schlosshofstr. 10, ✆ 70840

Nach weiteren 4,5 km ist Ersingen erreicht.

Ersingen
PLZ: 89155; Vorwahl: 07305

- **Ortsverwaltung**, Mittelstr. 11/1, ✆ 9262880
- **Badesee**

Aus dem **Mühlweg** kommend links in die **Rißtisser Straße** ~ **26** bei der Kirche St. Franziskus

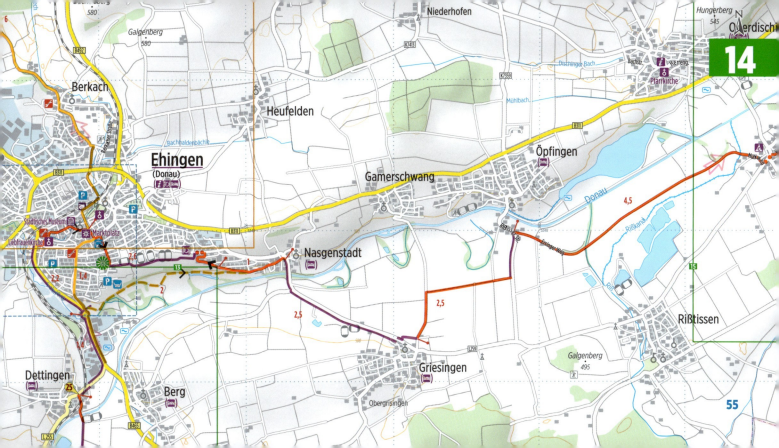

rechts ↝ links auf die **Seestraße** direkt auf den See zu von den Häusern weg ↝ bei den Sportplätzen links ↝ an der Kreisstraße rechts auf den Begleitweg ↝ nach 200 m links abzweigen ↝ auf einem asphaltierten Weg entlang der Staumauer nach Erbach.

Erbach
PLZ: 89155; Vorwahl: 07305

- Stadtverwaltung, Erlenbachstr. 50, ☎ 96760, www.erbach-donau.de
- Schlossmuseum, Schloss Erbach, ☎ 4646, ÖZ: April-Nov., So/Fei 14-18 Uhr, Führungen auf Anfrage

Badesee Erbach/Donau

Strandbad am Badesee
Bei Erbach unterqueren Sie die Eisenbahn und stoßen bei der WLZ an eine Straße ↝ geradeaus weiter auf dem Weg Riedmühle ↝ bei der Mühle links und gleich rechts ↝ am Wasser links halten ↝ **27** unter der Straßenbrücke hindurch.

VARIANTE Hinter der Brücke zweigt der Donau-Radweg links ab. Sie können aber auch dem Asphaltweg weiter geradeaus entlang des Donaustausees folgen. Beim Wasserkraftwerk wechseln Sie das Kanalufer. Nach weiteren 500 m radeln Sie links über die Brücke und befinden sich wieder auf der Hauptroute.

Links auf den straßenbegleitenden Radweg der K 7375 ↝ weiter auf dem Radweg an der **Heinrich-Hammer-Straße** ↝ entlang des Sport-und Freizeitgeländes ↝ rechts in die Straße **Großes Wert** ↝ zwischen Teichen und Industriegebäuden entlang ↝ an der Kreuzung bei der Kläranlage rechts ↝ nun auf dem Asphaltweg zwischen Donau und Teichen hindurch bis an die L 240 ↝ diese überqueren und **28** geradeaus in den asphaltierten Feldweg, der an der Donau entlangführt.

Donaustetten
Bei **Gögglingen** die K 9916 queren ↝ auf dem Feldweg von der Donau weg auf das Industriegebiet Donautal zu ↝ rechts auf dem straßenbegleitenden Radweg auf der linken Seite der **Hans-Lorenser-Straße** das Gewerbegebiet Ulm-Donautal passieren ↝ **29** nach dem Umspannwerk rechts ↝ die Donau auf einer Radwegbrücke überqueren ↝ durch das Naturschutzgebiet Gronne ↝ links auf den Radweg an der **Laupheimer Straße** ↝ die K 9915 unterqueren ↝ nach 150 m links ↝ dann rechts und kurz darauf wieder links am Kanal entlang weiter ↝ beim Donaukraftwerk Ulm-Wiblingen geht es neuerlich über die Donau ↝ noch vor der Eisenbahn rechts auf den Radweg ↝ ent-

lang der Donau führt ein Radweg direkt ins Zentrum von Ulm.

Ulm
PLZ: 89073; Vorwahl: 0731

- **Tourist-Information**, Münsterpl. 50, ✆ 1612830, www.tourismus.ulm.de
- **Schiffsrundfahrten** mit dem Solarboot ab dem Metzgerturm
- **Ulmer Museum**, Marktpl. 9, ✆ 1614300 (Mo-Fr), ✆ 1614330 (Sa, So), ÖZ: Di-So 11-17 Uhr, Do 11-20 Uhr. Schwerpunkte: Kunst des 20. Jhs., Sammlung Kurt Fried, Spätgotik, Kunsthandwerk, archäologische Sammlung („Löwenmensch")
- **Kunsthalle Weishaupt**, Hans- u. Sophie-Scholl-Pl. 1, ✆ 161-4360, ÖZ: Di, Mi, Fr-So 11-17 Uhr, Do 11-20 Uhr. Wechselnde Ausstellungen in interessantem Ambiente.
- **Museum der Brotkultur** im Salzstadel, Salzstadelg. 10, ✆ 69955, ÖZ.: tägl. 10-17 Uhr, Kulturgeschichte des Brotes, außergewöhnliche Bilder zu Saat, Ernte, Brotverkauf und Brotverzehr. Eine Abteilung behandelt das Thema Hunger in der Welt.
- **Naturkundliches Bildungszentrum**, Kornhausg. 3, ✆ 1614742, ÖZ: Di-Fr 10-16 Uhr, Sa-So 11-17 Uhr. Besonderheit ist ein Teil eines verkieselten Palmenstammes (sog. Ulmer Palme).
- **Donauschwäbisches Zentralmuseum**, Schillerstr. 1, ✆ 962540, ÖZ: Di-So 11-17 Uhr, Geschichte der Donauschwaben in eindrucksvollen Festungsgemäuern.
- **Bundesfestung Ulm**, größte erhaltene Festungsanlage Europas, 1842-59, Führungen: ganzjährig n. V. mit der Tourist-Information.

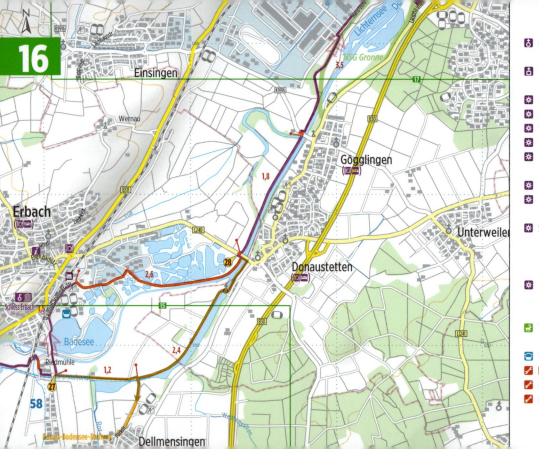

- **Gotisches Münster** mit dem höchsten Kirchturm der Welt (161,6 m), ÖZ: Mo-So 9-17 Uhr, längere ÖZ im Sommer
- **Barock-Kloster Wiblingen**, ehem. Benediktinerkloster mit Basilika und Bibliothekssaal, Museum im Konventbau
- **Rathaus** mit astronomischer Uhr (1520)
- **Fischer- und Gerberviertel** an der Mündung der Blau
- **Schwör-, Zeug-, Schuh- und Kornhaus**
- historische **Stadtmauer** an der Donau mit dem **Metzgerturm**
- **Neue Mitte Ulm** mit Kunsthalle Weishaupt, „Münstertor", Stadthaus und Bibliothek
- **Schwörwoche und Wasserfestzug** „Nabada" (Mitte Juli)
- **Historisches Fischerstechen** mit Festzug, Lichterserenade auf der Donau, Internationales Donaufest
- **Stadtführungen**: ca. 90 Min., April-Okt., Mo-Sa 10 Uhr und 14.30 Uhr, So/Fei 11.30 Uhr und 14.30 Uhr, Nov.-März Sa 10 Uhr und 14.30 Uhr, So/Fei 11.30 Uhr und 14.30 Uhr, ab Tourist-Information am Münsterplatz (Stadthaus)
- **Kunstlandschaft Donau**, zwischen Adenauerbrücke und Friedrichsau an beiden Ufern 7 km Rundweg mit mehr als 45 Großplastiken
- **Tiergarten Ulm**, Friedrichsau 38, ☎ 1616742, ÖZ: April-Sept., 10-18 Uhr, Okt.-März, 10-17 Uhr
- **Westbad**, Moltkestr. 30, ☎ 1613480
- **Reich's Radl Shop**, Gideon-Bacher-Str. 3, ☎ 21179
- **Bikeline-Ulm**, Sterng. 9, ☎ 6021358
- **Radladen am Karlsplatz**, Zeitblomstr. 31, ☎ 1597534

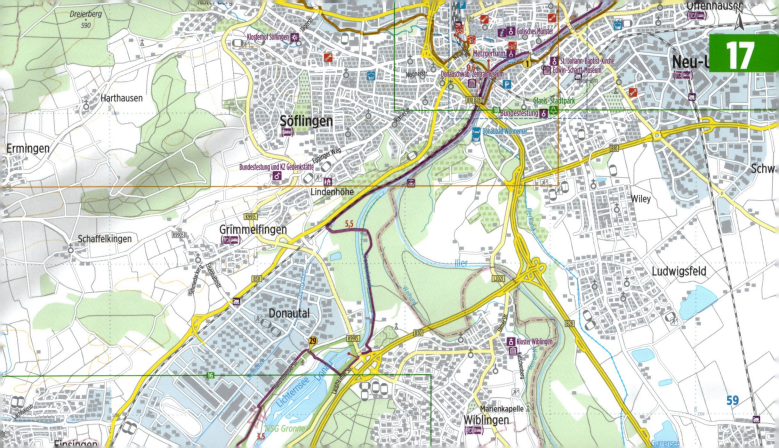

Zu den schönsten Seiten von Ulm gehört sicherlich das malerische Fischer- und Gerberviertel. Eng aneinandergereiht und zum Teil über das Wasser der Blau hinaus gebaut, stehen die mit der Zeit etwas windschief gewordenen Fachwerkhäuser. Es bedarf wohl keiner großen Phantasie, um sich das rege Treiben vorzustellen, das hier früher herrschte, als noch saftige Karpfen, Hechte und viele andere köstliche Fische aus der Donau geangelt und dann lautstark feilgeboten wurden. Einen bemerkenswerten Beitrag zum Wohlstand dieser Stadt leisteten die Ulmer Schiffer. Mit ihren berühmten „Ulmer Schachteln" transportierten sie neben Waren auch unzählige schwäbische Auswanderer flussabwärts nach Wien. Wenn die Floße dort angelangt waren, wurden diese „Schwabenplätten", wie sie von den Wienern genannt wurden, zerlegt und als Brennholz weiterverkauft, da sich ein Rücktransport nicht gelohnt hätte. Aber wie für alle anderen Zünfte bedeutete auch für die Schiffer die Industrialisierung den Untergang. Neben den malerischen Bauten erinnert heute vor allem das alle vier Jahre stattfindende Fischerstechen an vergangene Zeiten. Bei diesem traditionsreichen Wettkampf gewinnt derjenige, dem es gelingt, alle anderen Turniergegner ins Wasser zu stoßen.

Wenn Sie noch ein Stück donauabwärts fahren, gelangen Sie zum schiefen Metzgerturm. Einer Legende nach soll sich dieser geneigt haben, während die Metzger zusammenkamen, um sich gegen den Vorwurf, sie würden immer kleinere Würste produzieren, zu wehren. Eine Geschichte, mit der die Ulmer nicht gerade Vertrauen zur Wahrheitsliebe der Metzger bewiesen.

Dass es den Ulmern aber nicht nur um die Größe der Wurst geht, können Sie am besten am gotischen Münster sehen. Mit seinen 161,6 Metern

Donauschiffe vor der Ulmer Altstadt

ist er der höchste Kirchturm der Welt, und die Ulmer sind sehr stolz darauf. Zudem haben sie diesen Rekord seit 1890 inne. Schwindelfreie Leute können den Turm über eine enge Wendeltreppe erklimmen. Zwar müssen Sie für diese schweißtreibende Tat auch noch bezahlen, die Aussicht ist jedoch das Geld wert. Mit einer wesentlich geringeren Höhe kam hingegen der „Schneider von Ulm" Albrecht Berblinger aus, der mit seinen selbstkonstruierten Schwingen 1811 versuchte, von der Adlerbastei abzuheben. Die damals noch nicht erforschten Abwinde, die von der Iller her wehen, bescherten dem Ulmer Ikarus statt des ersehnten Höhenfluges ein Bad in den Fluten der Donau. Dass Ulm in wissenschaftlicher Hinsicht jedoch ein gutes Pflaster zu sein scheint, beweisen der Physiker Albert Einstein, der hier geboren wurde und die neue „Wissenschaftsstadt" auf dem Eselsberg mit der Universität und bedeutenden Forschungsinstituten.

Mit einer etwas leichter verständlichen Materie als der Relativitätstheorie, aber einer mindestens ebenso wichtigen, beschäftigt sich das Museum der Brotkultur, das sich in der Nähe des Münsters befindet. Am Rand des Fischerviertels steht das 1370 erbaute Rathaus mit der astronomischen Uhr. Neben den Wandmalereien und dem figürlichen Schmuck ziert die Darstellung einer „Ulmer Schachtel" den Südgiebel des Hauses. 1810 schlug Napoleon die ehem. Reichsstadt Ulm dem Königreich Württemberg zu. Die Donau diente als Grenze, sodass sich am anderen Ufer die bayrische Stadt Neu-Ulm entwickeln konnte. Heute bekommen Sie sicherlich Weißwürste sowohl im württembergischen Ulm, als auch im bayrischen Neu-Ulm.

Ulm

VARIANTE Unterhalb der Adenauerbrücke können Sie nun wählen, ob Sie auf der Ulmer oder der Neu-Ulmer Seite am Donauufer entlangradeln. Am Ulmer Donauufer müssen Sie keine Straßen queren und der Radweg ist größtenteils von den Fußgängern abgetrennt, jedoch ist er bei etwas Hochwasser nicht durchgängig befahrbar. Vom Neu-Ulmer Donauufer haben Sie einen herrlichen Blick auf die Altstadt von Ulm und das Münster.

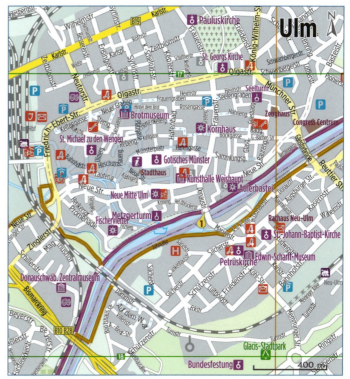

Von Ulm nach Ingolstadt

154,5 km

Der zweite Abschnitt führt Sie innerhalb der „geteilten" Stadt Ulm in den Freistaat Bayern, innerhalb dessen Grenzen Sie nach Passau gelangen werden. Ziel dieser Etappe ist Ingolstadt. Im Donauried laden saubere Badeseen ein und an den Mündungen der Nebenflüsse durchstreifen Sie Feuchtbiotope, in denen sich eine reiche Pflanzen- und Tierwelt erhalten hat. Die alten Residenzstädte entlang des Donauufers locken mit ihren historischen Stadtkernen. In Städten wie Günzburg, Dillingen oder Höchstädt können Sie sich an den prachtvollen Barock- und Renaissancebauten sattsehen. Auch wenn der Radweg Sie nicht immer durch die alten Fürstenstädte führt, ein Abstecher lohnt sich in jedem Fall. Das Wegstück zwischen der freien Reichs- und Handelsstadt Donauwörth und Neuburg ist von den Ausläufern der Fränkischen Alb geprägt, die sich hier bis an die Ufer der Donau erstreckt. In abwechslungsreichem Auf und Ab erreichen Sie das Städtchen Neuburg, das Sie mit seiner mächtigen Burg und dem romantischen Stadtbild willkommen heißt.

Die Radroute verläuft abwechselnd auf Radwegen, ruhigen Nebenstraßen und unbefestigten Feld-, Wald- und Uferwegen. Nur selten fahren Sie auf verkehrsreichen Straßen. Es gibt nur wenige Steigungen entlang der Strecke.

Von Ulm nach Günzburg   28 km

Wenn Sie in Ulm den Fluss queren, passieren Sie damit auch die Grenze zwischen Baden-Württemberg und Bayern. Bis Passau radeln Sie nun durch den Freistaat Bayern, und die Bier-, Weißwurst- und Brezlkultur, die hier so große Tradition hat, wird Ihnen allerorts begegnen.

Neu-Ulm
PLZ: 89231; Vorwahl: 0731

- **Tourist-Information** Ulm/Neu-Ulm, 89073 Ulm, Münsterpl. 50, ✆ 1612830, www.neu-ulm.de
- **Edwin-Scharff-Museum**, Petruspl. 4, ✆ 9726180, ÖZ: Di, Mi 13-17 Uhr, Do-Sa 13-18 Uhr, So 10-18 Uhr. Mit ständiger Sammlung und Sonderausstellungen des Künstlers Edwin Scharff und seinen Zeitgenossen, **Kindermuseum** mit Erlebnisräumen.
- **Museum Walther Collection**, Reichenauerstr. 21, ✆ 1769143, ÖZ: Do-So nach Voranmeldung. Internationale Privatsammlung mit zeitgenössischer Fotografie und Videokunst aus Afrika und Asien.
- **St. Johann-Baptist-Kirche** (expressionistischer Stil)
- **Glacis-Stadtpark** in den **ehem. Festungsanlagen**
- **Donaubad Wonnemar**, Wiblinger Str. 55, ✆ 98599-0
- **Radweg**, Brückenstr. 1, ✆ 9723890
- **Fahrrad Schmidt**, Pfuhler Str. 34, ✆ 9716070

1 Auf der Ulmer Donauseite radeln Sie die nächsten Kilometer auf dem Radweg an der Donau ∾ an der Stadtmauer entlang ∾ durch die Friedrichsau ∾ danach auf dem straßenbegleitenden Radweg an der Thalfinger Uferstraße bis zum Donaukraftwerk.

> **TIPP:** Hier trifft der Radweg von der Neu-Ulmer Donauseite wieder auf die Hauptroute.

Nach dem Donaukraftwerk führt der Radweg wieder direkt an der Donau entlang ∾ weiter entlang der **Thalfinger Uferstraße** ∾ der Radweg führt wieder direkt an die Uferstraße ∾ rechts am Bahnhof vorbei ∾ links in die **Donaustraße** ∾ **2** die Bahngleise überqueren ∾ nach Thalfingen hinein.

Thalfingen

Auf der **Donaustraße** weiter ∾ im Ortszentrum bei der Post rechts in die **Elchinger Straße** ∾ auf dem breiten linksseitigen Radweg der Elchinger Straße weiter.

> **TIPP:** Wenn Sie nicht nach Thalfingen hineinfahren wollen, bleiben Sie einfach auf dem linksseitigen Radweg entlang der Bundesstraße.

Blick über die Dächer Ulms

Oberelchingen
PLZ: 89275; Vorwahl: 0731

- **Gemeindeverwaltung**, Elchingen/Thalfingen, Pfarrg. 2, ✆ 20660
- Kloster und Wallfahrtskirche **St. Peter und Paul**
- **Martinstor** der ehem. Klosteranlage, Napoleon-Höhe
- **Hallenbad**, Bildstöckle 1, ✆ 7261
- Bikestation Elchingen, Weissingerstr. 2, ✆ 2803

⚠ Bei der Einfahrt Oberelchingen ist aufgrund der kreuzenden Kraftfahrzeuge besondere Vorsicht geboten ∾ weiter auf dem straßenbegleitenden Radweg nach Unterelchingen ∾ der Radweg endet kurz nach dem Bahnhof.

Unterelchingen

200 m nach dem Bahnhof rechts in die **Lange Straße** ∾ parallel zu den Bahngleisen ∾ am nächsten Bahnübergang rechts in die **Hauptstraße** ∾ die Gleise überqueren ∾ nach dem Bahnübergang auf der **Weißinger Straße** weiter ∾ hier beginnt kurz darauf ein rechtsseitiger Radweg ∾ **3** geradeaus über den Kreisverkehr der Umgehungsstraße ∾ auf der Brücke über die A 7 ∾ in einem Linksbogen weiter nach Weißingen.

Weißingen

Am Ortseingang rechts in die **Ortsstraße** ∾ **4** am Ortsende geradeaus auf den gekiesten breiten Waldweg ∾ immer geradeaus durch das Weißinger Hölzle und den Donauwald ∾ einen Kilometer nach Unterquerung der A 8 wieder an die Donau zurück.

> **INS ZENTRUM:** Hier können Sie nach rechts über die Donaubrücke nach Leipheim fahren.

Leipheim
PLZ: 89340; Vorwahl: 08221

Camping • Zeltwiese • Heuhotel
Schwarzfelder Hof
Schwarzfelder Weg 3
89340 Leipheim
Tel.: 08221/72628
info@schwarzfelder-hof.de • www.schwarzfelder-hof.de

- **Stadtverwaltung**, Rathaus, Marktstr. 5 ✆ 7070
- **Heimat- und Bauernkriegsmuseum**, ÖZ: Sa, So 14–17 Uhr
- Pfarrkirche St. Veit (14. Jh.)
- **Schloss** (16. Jh.)
- Stadtmauer und Stadtbrunnen in der Altstadt
- **Gartenhallenbad**, ✆ 71979
- Zweirad - Schlosserei Biedenbach, Güssenstr. 25, ✆ 7555

Schon 1063 gewann die Stadt Leipheim wegen der von einer Burg bewachten Donaubrücke an Bedeutung. 1453 wurde die Stadt mitsamt den Einwohnern für 23.200 Gulden an Ulm verkauft. Sollten Sie zufällig am zweiten Wochenende im Juli mit Ihren Kindern hier sein, so haben Sie Gelegenheit, das Leipheimer Kinderfest zu besuchen.

Eine Sehenswürdigkeit ganz anderer Art ist die 600 Jahre alte Linde am Lindenweg in der Nähe des Friedhofes.

Die Route von Leipheim nach Günzburg verläuft weiter am nördlichen Donauufer etwas abseits des Flusses ~ durch den urigen Auwald ~ am Wasserwerk Günzburg vorbei ~ das Flüsschen Nau queren ~ die Heidenheimer Straße überqueren ~ nach rechts auf den linksseitigen Radweg der **Heidenheimer Straße**.

VARIANTE Sie haben nun zwei beschilderte Varianten des Donau-Radweges zur Auswahl. Die eine Route führt auf gekiestem Radweg direkt und eben an der Donau weiter, die andere Variante führt durch Günzburg und auf der Höhe weiter nach Offingen, wo die beiden Routen wieder zusammentreffen. Auf der Variante durch Günzburg stehen Ihnen einige Steigungen bevor und sie ist 2,5 km länger als die Variante an der Donau.

Von Günzburg nach Gundelfingen 18,5 km

Am linken Donauufer 8,5 km

5 Noch vor den Sport- und Tennisplätzen zur Rechten links in den Stadtwald abzweigen.

INS ZENTRUM Geradeaus geht es direkt in das Zentrum von der Stadt Günzburg.

Mitten im Wald direkt am Waldfreibad von Günzburg vorüber ↝ nach dem Schwimmbadgelände auf dem autofreien Waldweg die Nau überqueren ↝ nach 150 m direkt an die Donau ↝ die nächsten 8 km auf dem gekiesten Weg direkt an der aufgestauten Donau entlang ↝ zuerst die B 16 unterqueren ↝ dann die Straße nach Reisensburg überqueren.

VARIANTE Hier können Sie zur anderen Donau-Radweg-Variante wechseln.

Die Eisenbahnlinie unterqueren kurz bevor sich die beiden Varianten wieder vereinen ↝ nach links auf das Asphaltsträßchen ↝ der Donau-Radweg-Beschilderung nach Gundelfingen folgen.

Am rechten Donauufer über Günzburg 11 km

5 Wenn Sie Günzburg mit einem Besuch beehren wollen, müssen Sie zunächst geradeaus auf dem straßenbegleitenden Radweg auf der **Heidenheimer Straße** über die Donau bis zum Pfarrhofplatz fahren ↝ dort geradeaus über die stark befahrene Ulmer Straße (B 10) ↝ in die Straße **Stadtberg** hinein und die Günz überqueren ↝ nach 200 m der Straße Stadtberg folgend links abbiegen ↝ kurz steil bergauf ↝ durch das Untere Tor hindurch geradeaus über den **Marktplatz**.

Günzburg
PLZ: 89312; Vorwahl: 08221

🛈 **Tourist-Information**, Schlosspl. 1, ✆ 200444, www.guenzburg.de

🏛 **Heimatmuseum**, (1755-57), im ehem. Piaristen-Kolleg, Rathausg. 2, ✆ 38828, ÖZ: Sa, So 14-17 Uhr. Römische Archäologie, Stadtgeschichte, sakrale Kunst, Volkskunde, Mineralogie

⛪ **Frauenkirche** (1736-41), erbaut von Dominik Zimmermann

⛪ **Schloss** im Renaissancestil (1577-80) mit Hofkirche und **Rokokokapelle** (18. Jh.), von Erzherzog Ferdinand II für seinen Sohn, den späteren Markgrafen Karl errichtet. Baumeister war der Italiener Alberto Luchese.

✱ **LEGOLAND**, Legoland Allee, ✆ 700700, über 40 tolle Attraktionen und spektakuläre Shows

✱ **Unteres Tor**, Wahrzeichen der Stadt, ÖZ: Di 10-14 Uhr, 1. So im Monat

✱ **Rathaus**, zwischen den Jahren 1764-67 als Münzstätte für Vorderösterreich erbaut, Prägung des Maria-Theresia-Talers bis 1805

🏊 **Städtisches Waldbad**, Heidenheimer Str. 2, ✆ 5422

🚲 **Auto- und Fahrrad-Service GmbH**, Augsburger Str. 18a, ✆ 36400

🔧 **Saiko's Velo**, Schlachthausstr. 37, ✆ 2049800

Hinter dem Unteren Tor, das heute das Wahrzeichen von Günzburg ist, eröffnet sich der wunderschöne langgestreckte Marktplatz, gesäumt von dicht aneinandergereihten Häusern mit den für diese Region charakteristischen spitzwinkeligen Dächern.

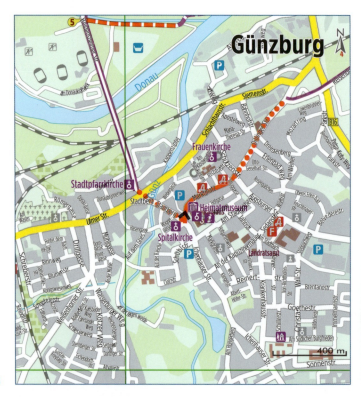

Das bedeutendste Bauwerk der Stadt ist die Frauenkirche, eine Rokokokirche, 1736-41 von Dominikus Zimmermann errichtet.

Am Ende des Marktplatzes geradeaus auf die **Dillinger Straße** ~ nach 400 m rechts auf den Begleitweg zur **Reisensburger Straße** ~ nach dem Friedhof endet der straßenbegleitende Radweg am Ortseingang von Reisensburg und Sie radeln geradeaus auf der **Günzburger Straße** nach Reisensburg hinein.

Reisensburg
PLZ: 89312; Vorwahl: 08821

- **Schloss Reisensburg**, Bgm.-Joh.-Müller-Straße, ✆ 907-0

An der T-Kreuzung rechts in die Straße **Mössle** ~ an der nächsten Kreuzung folgen Sie der Straße Mössle nach links ~ Sie radeln an einer Grotte vorbei und steil den Berg hinauf ~ wo die Asphaltstraße scharf nach rechts biegt, zweigen Sie links in den gekiesten Feldweg ab ~ an der T-Kreuzung links in den **Friedrichsfeldweg** ~ an der nächsten Wegkreuzung rechts in den gekiesten Fahrweg ~ Sie radeln geradeaus durch den Wald ~ nach dem Ende des Hohlweges biegen Sie vor der Kapelle rechts auf die Asphaltstraße ein, die nach einem Linksbogen ge-

Günzburg, Unteres Tor

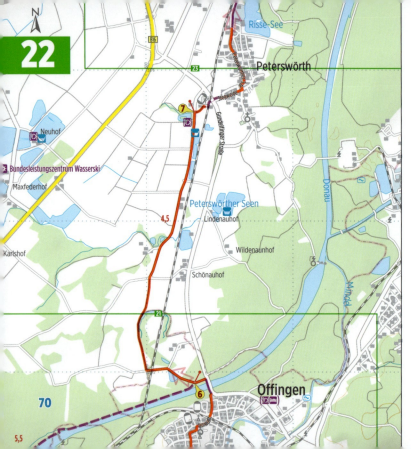

radeaus nach Offingen führt ~ in der Ferne sind nun die Kühltürme des Atomkraftwerkes Gundremmingen zu erkennen ~ Sie erreichen nach ca. 2 km Offingen auf dem **Landstroster Weg**.

Offingen
PLZ: 89362; Vorwahl: 08224

✳ **Kernkraftwerk Gundremmingen**, Führungen: n. V., ✆ 782231

Im Ort nach links auf die Hauptstraße ~ bei der Kirche über den **Pfarrer-Portenlänger-Platz** und dann rechts in die **Donaustraße** ~ Sie unterqueren die Bahngleise ~ an der Vorfahrtstraße links auf dem linksseitigen Radweg über die Donau ~ nach der Donaubrücke links in das Asphaltsträßchen ~ **6** nach 150 m kommt von links die andere Donau-Radweg-Variante und Sie radeln rechts weiter in Richtung Peterswörth ~ über die Gleise und kurz danach rechts ~ auf ruhigen Wegen geht es weiter in Richtung Gundelfingen ~ **7** kurz vor Peterswörth rechts zu den Sport- und Tennisplätzen ~ unter der Bahn hindurch ~ die **Gundelfinger Straße** queren ~ im Rechtsbogen und an der Straße **Stegweide** links ~ an der T-Kreuzung mit der **Peterswörther Straße** links.

Peterswörth

Den Ort auf der Peterswörther Straße durchfahren ~ entlang der Gleise in Richtung Gundelfingen weiterradeln.

TIPP: Wenn Sie hier links abbiegen, haben Sie die Möglichkeit Gundelfingen zu umfahren.

Unter der Bahn hindurch und im weiteren Verlauf in die Xaver-Schwarz-Straße ~ links ab in die Bahnhofstraße und ihrem Verlauf durch Gundelfingen folgen.

Gundelfingen
PLZ: 89423; Vorwahl: 09073

- **Kulturamt** im Rathaus, Prof.-Bamann-Str. 22, ✆ 999118
- **Automobil-Museum Gundelfingen**, Bächinger Straße, ✆ 2575, ÖZ: n. tel. V.
- **Romantische Innenstadt**: Stadtpfarrkirche St. Martin, Spitalkirche, Rathaus, Schloss Schlachtegg, Torturm
- **Hausmann**, Schulstr. 5-7, ✆ 7257

Gundelfingen ist eine romantische, kleine Stadt, die auch die „Gärtnerstadt" genannt wird. Von drei Flussarmen durchzogen liegt das Städtchen zwischen Wiesen und Auwäldern des Donautales. Seinen Namen hat die Stadt vermutlich von seinem, im 3. Jahrhundert herrschenden, Ahnherren Gundolf. Das Städtchen hat eine geschichtsträchtige Vergangenheit, von der außer den Resten der hufeisenförmig angelegten Stadtmauern auch Funde aus dem 6. und dem 7. Jahrhundert Zeugnis ablegen.

Von Gundelfingen nach Dillingen 11 km

Links ab durch die Innenstadt ↝ am Rathaus rechts bis zur **Lauinger Straße** und hier rechts ↝ Gleise überqueren.

Echenbrunn

8 Rechts in die **Leitenstraße** ↝ geradeaus in die **Magnus-Scheller-Straße** und auf dieser den Ort verlassen Richtung **Faimingen**.

Faimingen
- **Römertempel**

An der **Römerstraße** links ↝ rechts in die **Kastellstraße** ↝ an der Kreuzung links in die **Friedrich-Ebert-Straße** ↝ rechts in die **Gundelfinger Straße**.

Lauingen
PLZ: 89415; Vorwahl: 09072
- **Stadtverwaltung**, Herzog-Georg-Str. 17, ✆ 9980, www.lauingen.de
- **Heimathaus der Stadt**, Herzog-Georg-Str. 57, ✆ 5491. Stolz der Sammlung sind das alte Stadtsiegel aus der Stauferzeit und das Gemälde Kaiser Karl V vor Lauingen von Mathis Gerung. Das Heimathaus ist die älteste kommunale Sammlung Deutschlands.
- **Leonhardikirche**
- **Herzogschloss**
- **Wehrgang mit Tränktor, Schimmelturm**
- **Marktplatz** mit klassizistischem **Rathaus**
- **Stadtführungen** gegen Voranmeldung, Herzog-Georg-Str. 17, ✆ 998-0
- **Sport- und Erholungszentrum „Auwaldanlagen"; Badesee**, Friedrich-Ebert-Str. 10, ✆ 2366
- Hallenbad der Realschule, Friedrich-Ebert-Str. 10
- **Bike & Tec**, Riedhauserstr. 3, ✆ 921250
- **Siegbert Riesenegger**, Gundelfinger Str. 10, ✆ 3405
- **Radhaus Lauingen**, Pfarrfeldstr. 1, ✆ 991808

In Lauingen, auf einem der schönsten Marktplätze Schwabens, steht vor dem im klassizistischen Stil erbauten Rathaus das Denkmal von Albertus Magnus. Er wurde 1200 hier geboren und war einer der größten Gelehrten des Mittelalters, der zum ersten Mal Theologie und Naturwissenschaft miteinander verband. In Faimingen, einem Ortsteil von Lauingen, der an der Route liegt, können Sie die Reste des behutsam rekonstruierten Apollo-Grannus-Tempels besichtigen. Er gehört zu einem Kastell, das einst als Nachschublager für die Soldaten am römischen Grenzwall diente.

Auf der Gundelfinger Straße in den Ort weiter auf der Herzog-Georg-Straße bis zum Marktplatz ↝ über den Marktplatz dann rechts in die Albertusstraße ↝ an der nächste Kreuzung rechts in die Donaustraße ↝ der Straße bis zur Donau folgen ↝ vor der Brücke links auf die gekieste **Segrepromenade** ↝ weiter auf der Segrepromenade am Donauufer entlang ↝ nach 1,3 km das Klärwerk passieren ↝ die

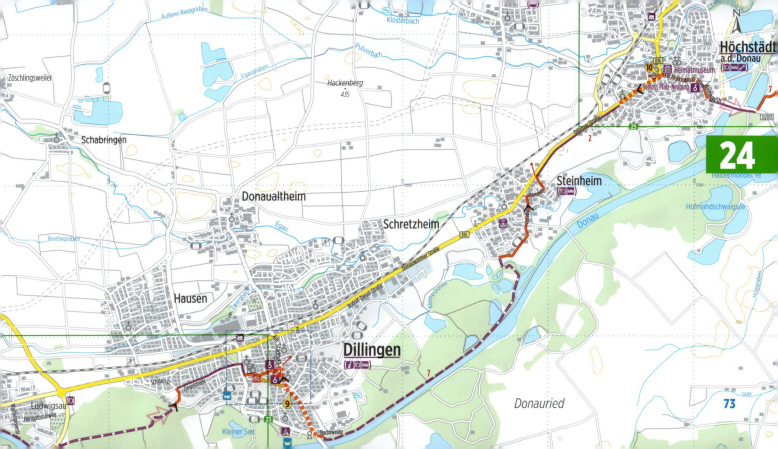

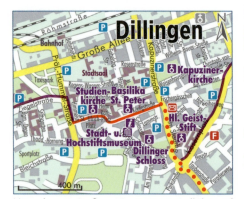

Umgehungsstraße unterqueren ⌇ links auf dem gekiesten Weg an der Umgehungsstraße weiter ⌇ nach 250 m rechts auf dem geschotterten Weg durch ein ruhiges Waldstück, den Waihengai ⌇ über zwei Brücken nach Dillingen ⌇ danach links bergauf auf den asphaltierten Weg zu den ersten Häusern ⌇ rechts auf den begleitenden Radweg zur **Ziegelstraße** ⌇ in das historische Zentrum der Stadt ⌇ nach dem Stadttor an der Vorfahrtstraße rechts in die Straße **Am Stadtberg**.

Dillingen
PLZ: 89407; Vorwahl: 09071

- **Touristinformation**, Königstr. 37/38, ✆ 54208
www.dillingen-donau.de
- **Stadt- und Hochstiftmuseum**, Am Hafenmarkt 11, ✆ 4400, ÖZ: Mi 14-17 Uhr, jeden 1. und 3. So 14-17 Uhr. Urgeschichte, Römerzeit, Handwerk, Universitäts- und Militärgeschichtliche Abteilung, Huf- und Wagenschmiede
- **Dillinger Schloss** (ehem. fürstbischöfliche Residenz)
- **Studienkirche** und ehem. Universität mit „Goldenem Saal", ÖZ Goldener Saal: April-Okt., Sa, So 10-17 Uhr
- **Basilika St. Peter**
- sehenswerte **Altstadt mit historischem Straßenbild**
- **Stadtführungen**: April-Okt., So 14 Uhr öffentliche Stadtführung ab Rathaus, Gruppenführung n. V. mit dem Verkehrsamt.
- Abschließbare **Fahrrad-Parkboxen**, Parkplatz Hofbrauhaus/Stadtmitte und am Bahnhof (Schloss mitbringen!)
- **Hallenbad**, Ziegelstr. 10, ✆ 703701
- beheiztes **Freibad**, Eichwaldbad am Georg-Schmid-Ring, ✆ 71582
- Top-Bike-Brachem, Am Stadtberg 21, ✆ 6222

Der hohe Klerus und die Gelehrten haben das architektonische Stadtbild von **Dillingen** bestimmt. Die Fürstbischöfe von Augsburg regierten von hier aus ihr großes Territorium und brachten Prunk und Glanz in die Stadt. Mit der Gründung einer Universität unter der Leitung der Jesuiten wurde dem kleinen Landstädtchen noch mehr Aufmerksamkeit zuteil. Dillingen ist eine der wenigen Städte, die während des Zweiten Weltkriegs nicht beschädigt wurden.
Der geistliche Gelehrte Sebastian Kneipp begründete in Dillingen die Kaltwasserkur. Wegen einer Lungenkrankheit stieg Kneipp regelmäßig in das kalte Wasser der Donau und konnte sich dadurch mit Erfolg kurieren.

Dillingen, Mitteltorturm

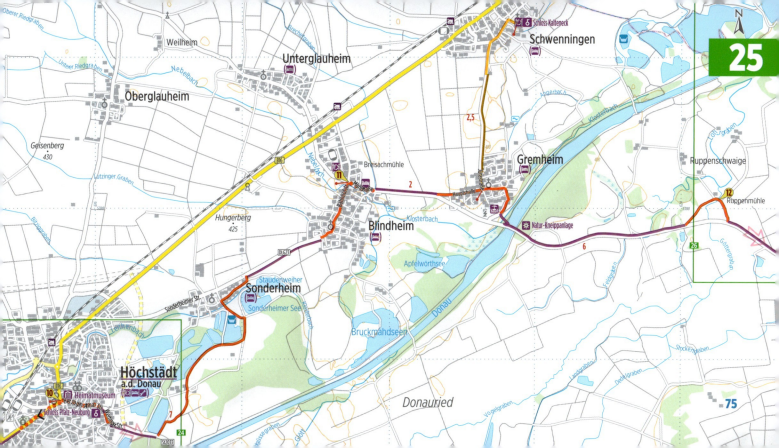

Damit bewies er die Heilwirkung von kaltem Wasser.

Von Dillingen nach Höchstädt 9 km

9 Geradeaus weiter auf der Straße Am Stadtberg ~ der **Donaustraße folgend** bis zur Donaubrücke ~ dort direkt vor der Brücke links in die Straße **Nachtweide** abzweigen ~ nach 150 m rechts in den Parkplatz und vor zum Donauufer ~ dort nach links auf den gekiesten Weg ~ durch die schöne Donauaue direkt an der Donau entlang ~ danach an zahlreichen Teichen vorüber Richtung Steinheim ~ an der **Spittelaustraße** rechts ~ links in die **Jahnstraße**.

Steinheim

Radler Oase mit Wasser, Tischen, Luftpumpe, Unterstand

Nach der Brücke geradeaus in die **Jägerstraße** ~ nach rechts in die **Römerstraße** ~ links in die **Makromannenstraße** ~ rechts auf den Radweg entlang der B 16 ~ durch den Ort im Verkehr auf der B 16 fahren ~ am Ortsende auf dem straßenbegleitenden Radweg nach Höchstädt.

Höchstädt a. d. Donau

PLZ: 89420; Vorwahl: 09074

Verkehrsamt, Herzog-Philipp-Ludwig-Str. 10, ✆ 4412, www.hoechstaedt.de

Heimatmuseum, Marktpl. 7, ✆ 4412, ÖZ: April-Sept., So 14-17 Uhr, Okt.-März, n. t. V. unter ✆ 5262. Besonders sehenswert ist das Zinnfigurendiorama der Schlacht von Höchstädt-Blindheim mit über 9.000 handbemalten Figuren.

Stadtpfarrkirche Mariä Himmelfahrt (1442), spätgotische Hallenkirche, Chorgestühl, Sakramentshäuschen, Taufstein

Schloss der Pfalzgrafen von Pfalz-Neuburg, vierflügeliger Renaissancebau, Ausstellung zur Schlacht von 1704, Museum deutscher Fayencen, Wechselausstellungen des Forums Schwäbischer Geschichte, Schlosskapelle mit sehenswerten Deckengemälden, kulturelle Veranstaltungen, ✆ 9585712, ÖZ: April-Okt., Di So 9-18 Uhr

Denkmalweg „Auf den Spuren von 1704", Radrundweg von 23 km, bietet Gelegenheit zur Betrachtung der bedeutsamen

Pension Maier
An der Bleiche 23a • 89420 Höchstädt/Donau
Tel. und Fax: 09074/6691 • Handy: 01627632612
• Begrüßungs-Likör • hausgemachte Marmeladen und Liköre • Allergikerzimmer
Schwimmingpool € 25,- pro Per. im DZ mit Frühstück • Familien/Gruppen/Kinder Ermäßigung • Kinder bis 3 Jahre frei!
• 3 - 13 Jahre € 17,-
RADFAHRER HERZLICH WILLKOMMEN!

Schloss Höchstädt

Schlacht in ihrem landschaftlichen Zusammenhang, Beschreibung erhältlich unter ✆ 4412.

Stadtführungen, Mai-Okt., jeden 3. So im Monat, 13.30 Uhr, Treffpunkt: Schloss

Das malerische und verträumte Höchstädt wurde durch die Schlacht bei Höchstädt-Blindheim vom 13. August 1704 weltbekannt. Im Spanischen Erbfolgekrieg besiegten Österreicher und Engländer unter dem Oberbefehl von Prinz Eugen und dem Herzog von Marlborough, einem Vorfahren Sir Winston Churchills, eine bayrisch-französische Armee. Die Engländer nannten die entscheidende Schlacht nach dem Nachbardorf „Battle of Blenheim".

Von Höchstädt nach Donauwörth   29 km

10 Die Route zweigt am **Marktplatz** in Höchstädt nach rechts auf die **Herzogin-Anna-Straße** (St 2033) ~ am Schloss vorbei ~ dann rechts dem Radweg folgen ~ über den Exerzierplatz ~ an dessen Ende links und gleich wieder rechts der Wertinger Straße folgen ~ ab dem Ortsende auf einem straßenbegleitenden Radweg weiter ~ nach 700 m dem Radwegschild Richtung Sonderheim links auf Asphalt folgen ~ an Teichen vorbei nach Sonderheim.

Sonderheim
Dort an der T-Kreuzung rechts auf die Vorfahrtstraße ~ am Ortsende rechts auf den straßenbegleitenden Radweg nach Blindheim ~ der Radweg endet kurz vor Ortsbeginn.

Blindheim
* sehenswertes **Heimathaus mit Bildsäule** aus dem Jahre 1704
* **Naturkneippanlage** am Donau-Radweg

Blindheim ist der Ort mit den verlustreichsten Kämpfen bei der Schlacht von 1704 im Spanischen Erbfolgekrieg. Das Denkmal „Buch der Geschichte" am Dorfplatz mahnt zum Frieden.

Auf der Vorfahrtstraße von der **Höchstädter Straße** in die **Bahnhofstraße** durch Blindheim ~ **11** rechts auf die **Mühlstraße** ~ hier beginnt nach 300 m ein linksseitiger Radweg ~ nach einem knappen Kilometer links auf die **Hauptstraße** durch **Gremheim**.

Gremheim
AUSFLUG Wenn Sie an der Jurastraße links abbiegen, können Sie einen Ausflug zum Wasserschloss Kalteneck in Schwenningen unternehmen.

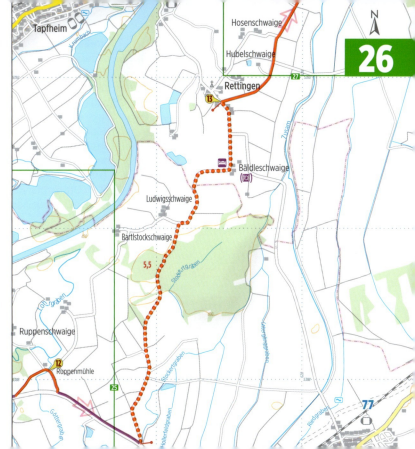

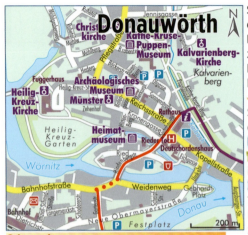

Schwenningen
PLZ: 89443; Vorwahl: 09070

Schloss Kalteneck, Kirchstr. 26b, ✆ 909940. Der älteste, im gotischen Stil erhaltene Gebäudeteil wurde vor dem Jahr 1140, man vermutet um 950, als Ritterburg erbaut. Um 1570 wurde aus der Wasserburg ein kleines Schlösschen im Renaissance-Stil.

Am Ortsende links in den breiten asphaltierten Radweg ~ vor zur Donau ~ dort links weiter und dann in einer Kehre hoch auf die Donaubrücke ~ auf dem begleitenden Radweg zur Straße nach Buttenwiesen weiter bis dieser endet ~ dann links auf einem Sträßchen zur **Ruppenmühle** ~ 12 dort rechts wieder vor zur Kreisstraße ~ hier links auf dem straßenbegleitenden Radweg weiter ~ nach 1,3 km links in Richtung Donauwörth abzweigen ~ die nächsten 10 km auf einem schmalen Sträßchen an einigen Höfen vorbei ~ durch das Donauried nach Rettingen.

Rettingen
13 Im Ort rechts von der mäßig befahrenen in die ruhige kleinere Straße nach Zusum.

Zusum
1 km hinter Zusum links in einen gekiesten Feldweg, der in einem Rechtsbogen hinauf zur **Staustufe Donauwörth** führt ~ links auf dem Stauwehr über die Donau ~ danach rechts in die Straße **Am Kesseldamm** ~ geradeaus unter der B 16 hindurch, die Straße heißt jetzt **Industriestraße** ~ an den Gebäuden der Firma Airbus Helicopters vorüber ~ die Eisenbahn unterqueren ~ geradeaus weiter auf der **Gartenstraße** ~ an der Vorfahrtstraße rechts ~ nach wenigen Metern links in die **Hindenburgstraße** auf die Wörnitzinsel „Ried" ~ geradeaus auf einer Radwegbrücke durch das **Rieder Tor** in die Innenstadt von Donauwörth ~ von der **Spitalstraße** geradeaus in die **Rathausgasse** ~ an der Tourist-Information vorbei ~ durch das **Ochsentörl** in der Stadtmauer und auf der Brücke über den Kaibach ~ rechts auf die **Promenade**.

Donauwörth
PLZ: 86609; Vorwahl: 0906

- **Städtische Tourist-Information**, Rathausg. 1, ✆ 789151, www.donauwoerth.de
- **Archäologisches Museum** im Tanzhaus, Reichsstr. 34, ÖZ: Sa, So/Fei 14-17 Uhr
- **Heimatmuseum** auf der Insel Ried, Museumsplatz 2, ÖZ: Mai-Okt., Di-So 14-17 Uhr, Nov.-April, Mi, Sa, So/Fei 14-17 Uhr
- **Haus der Stadtgeschichte**, im Rieder Tor, ÖZ: nach Vereinbarung, ✆ 798170 od. 798151
- **Käthe-Kruse-Puppen-Museum**, Pflegstr. 21a, ÖZ: Mai-Sept., Di-So 11-18 Uhr, Okt.-April, Do-So 14-17 Uhr

- **Werner-Egk-Begegnungsstätte**, Pflegstr. 21a, ÖZ: Mai-Sept., Di-So 11-18 Uhr, Okt.-April, Do-So 14-17 Uhr
- **Münster „Zu unserer lieben Frau"**, im 15. Jh. erbaute gotische Hallenkirche mit der **Pummerin**, eine der größten Turmglocken Schwabens
- **Klosteranlage Heilig Kreuz**, Wallfahrtskirche aus dem 11. Jh., barock geprägt von der „Wessobrunner Schule", Werke von historischer und kunsthistorischer Bedeutung im Innern
- **Deutschordenshaus**, im 18. Jh. erbaut, ist es eine der ältesten Niederlassungen des 1197 gegründeten Deutschen Ritterordens.
- **Reichsstraße**. Eine der schönsten Straßenzüge Süddeutschlands mit Rathaus, Tanzhaus, gotischem Liebfrauenmünster, Fuggerhaus und Reichsstadtbrunnen.
- **Café Engel**, einst Sitz der Donauwörther Meistersingerschule, ältestes urkundlich erwähntes Haus der Stadt
- **Freibad** auf dem Schellenberg, Sternschanzenstr. 3, ☏ 789540
- **Zwei-Rad Uhl**, Dillinger Str. 57, ☏ 9816060

Donauwörth

- Top Bike Brachem, Kapellstr. 25, ☏ 8077

Man kann sich heute kaum mehr vorstellen, dass eine Brücke eine Stadt reich machen kann. Früher, als es ein gefährliches und langwieriges Unterfangen war, eine längere Brücke zu bauen, war dies öfter der Fall. So zum Beispiel in

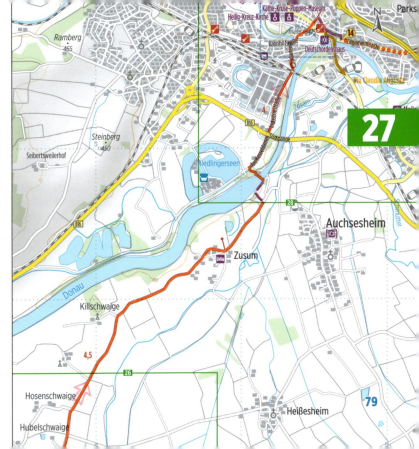

Schloss Kalteneck, Schwenningen

Donauwörth. Hier kreuzte der wichtige Handelsweg zwischen Nürnberg und Augsburg die Wasserstraße. An die dreißig Mal wurde die Brücke zerstört und ebenso oft wurde sie wieder aufgebaut. Aber auch die schmucken Bürgerhäuser, vor allem in der Reichsstraße, belegen die historische Bedeutung der Stadt. Auch die zahlreichen kunsthistorischen Schätze der Kirchen sind ein äußeres Zeichen einstigen Wohlstands. Da ist zum Beispiel die Pietá (1508), eine frühbarocke Darstellung, die steinerne Muttergottes und das gotische Sakramentshäuschen. Den Abschluss der Reichsstraße bildet das Rathaus, dem das sogenannte Fuggerhaus gegenübersteht, das Anton Fugger 1537-39 anlässlich der Übernahme der Reichspflege errichten ließ.

1715 wurde in Donauwörth eine Invaliden-Kaserne vor den Stadtmauern errichtet, sie kann heute noch besichtigt werden. Außerdem blieben, als letztes von vier großen Ausfalltoren, das Rieder Tor und das Färbertörl, eines der ursprünglich 38 Stadtmauertürme, erhalten.

Um die Klosteranlage Heilig Kreuz ranken sich viele kleine Histörchen. Die Kreuzreliquie stammt aus Byzanz, Graf Mangold I. von Werd hat sie hierher gebracht. Nach Byzanz war er übrigens gereist, um eine Frau für den Kaisersohn mitzubringen, was ihm nicht gelang.

Von Donauwörth nach Bertoldsheim — 22 km

Auf der **Promenade** durch den Park ~ **14** am Parkende links auf die stark befahrene **Zirgesheimer Straße**.

ANSCHLUSS: Rechts über die Donaubrücke zweigt die Via Claudia Augusta ab. Parallel zum Donauradweg verläuft der Radweg Romantische Straße.

Nach der Brücke und der Auffahrt zur B 2 auf dem Radweg Richtung Zirgesheim ~ etwas weg von der St 2215 ~ links über den Lochbach und die St 2215 überqueren ~ sofort rechts auf den Radweg entlang der Straße.

Zirgesheim

An der St 2215 an Schäfstall vorbei ~ am Ortsrand von Altisheim geradeaus in die **Gartenstraße**.

Altisheim

Rechts in die **Willibaldstraße** ~ an der Kreuzung links in die **Donaustraße**.

Leitheim

Schloss Leitheim, Schloßstr. 1, ✆ 09097/1016, ÖZ: Mai-Okt. n. t. V.

An der **Schloßstraße** rechts und nach wenigen Metern links in die **Jurastraße** ~ rechts in die Straße **An der Leiten**.

Graisbach

Burgruine Graisbach

Links von der Schloßstraße weg in die **Hartnitstraße** ~ rechts in die **Graf-Reisach-Straße** ~ wieder an der St 2215 entlang nach Lechsend.

Lechsend

An der St 2215 entlang nach Marxheim. Die etwas erhöhte Straße lässt eine herrliche Aussicht auf das Donautal zu.

Marxheim

Der Radweg endet kurz vor der Kirche ~ **15** bei der nächsten Kreuzung rechts auf die **Donaustraße** Richtung Bruck auf den straßenbegleitenden Radweg.

> **VARIANTE:** Falls Sie den unbefestigten Uferweg entlang der Donau umfahren wollen, haben Sie geradeaus die Möglichkeit auf asphaltierter Straße bis Bertoldsheim zu fahren.

Bruck

In Bruck um die Sportanlage in einem Linksbogen herum ~ links auf den Dammweg neben der Donau bis rund 700 m vor der Staustufe Bertoldsheim ~ links Richtung Bertoldsheim über die St 2047 geradeaus auf die **Seestraße**.

Bertoldsheim

PLZ: 86643; Vorwahl: 08324

- **Gästeinformation Neuburg**, Ottheinrichpl. A 118, ✆ 08431/55240/-241
- **Barockschloss** (1718-30), erbaut vom Eichstätter Baumeister Gabriel de Gabrieli, Bauherr war der kaiserliche und kurpfälzische General, Freiherr Fortunat von Isselbach
- **Pfarrkirche St. Michael** (1. Hälfte 14. Jh.), gotische Wandfresken von 1340
- **Segelsee**

Von Bertoldsheim nach Neuburg   15 km

> **TIPP:** Die Staustufe in Bertoldsheim können Sie auch besichtigen. Die hier gestaute Donau ist Naherholungsgebiet und wird auch als Segelsee genutzt.

In Bertoldsheim an der nächsten größeren Kreuzung links in die **Burgheimer Straße** ~ **16** rechts in die **Bräuhausstraße** ~ rechts in die **Marxheimer Straße** und zur Pfarrkirche St. Michael ~ links abbiegen und nach rund 150 m rechts in die Straße **An der Allee** ~ die St 2047 überqueren ~ Rechts-links-Bogen und danach am Krautgartenweiher vorbei nach Hatzenhofen.

Hatzenhofen

Beim Bolzplatz rechts auf die **Egloffstraße**, die in die **Hatzenhofer Straße** übergeht.

Stepperg

- **Dreiflügeliges Schloss**, Hauptgebäude erbaut von den Welsern im 16. Jh., um 1805 Anbau zweier Flügel
- **Wallfahrtskirche St. Anton** und **St. Anna** mit Gruft (1676), erhaltene Fresken und Deckenbilder. Bauherr war Freiherr Dominikus

Donauwörth

von Servi. Die kleine Wallfahrtskirche liegt malerisch und traumhaft auf dem Antoniberg, direkt über der Donau.

Bei der nächsten Abzweigung rechts in die **Usselstraße** rechts auf die **Rennertshofer Straße 17** links weiter der **Antonibergstraße** folgen ~ weiter durch die Allee ~ danach auf einem unbefestigten Weg durch den Wald ~ dann bergab nach Riedensheim ~ kurz vor dem Ort wird die Straße wieder asphaltiert.

Riedensheim

In Riedensheim hinunter zur Donau, zum Naturschutzgebiet „Finkenstein", und eine wahre Wildnis tut sich vor Ihren Augen auf ~ unter prächtigen alten Bäumen am Ufer der gezähmten und aufgestauten Donau entlang ~ weiter nach **Bittenbrunn**.

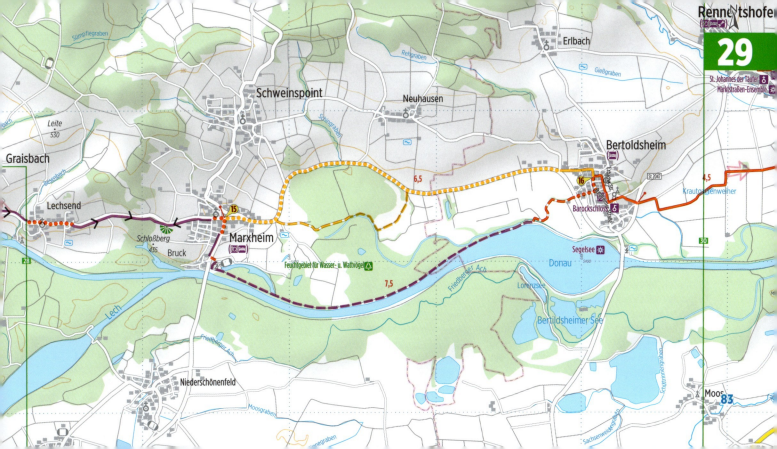

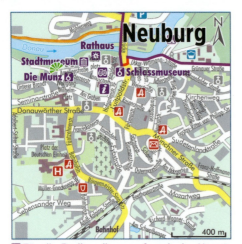

VARIANTE Für die Radler, die gern fernab der Hauptstraßen fahren, können wir die Alternative parallel der Donau nach Neuburg empfehlen. Die Hauptroute verläuft durch Bitterbrunn ~ weiter auf dem Rad entlang der Landstraße, nach Neuburg ~ in Neuburg die Donau überqueren ~ von der Brücke bietet sich ein herrlicher Blick auf die Stadt.

Neuburg an der Donau

PLZ: 86633; Vorwahl: 08431

- **Tourist-Information**, Ottheinrichpl. A 118, ✆ 55240 und -241, www.neuburg-donau.de
- **Schlossmuseum**, Residenzstr. A 2, ✆ 6443-0, ÖZ: Okt.-März, Di-So 10-16 Uhr, April-Sept., Di-So 9-18 Uhr. Filiale der Bayerischen Staatsgemäldesammlung, Staatsgalerie – Flämische Barockmalerei, barocke Grotten im Garten, Vorgeschichtsmuseum, religiöses Brauchtum
- **Schlossmuseum und Staatsgalerie Flämische Barockmalerei**; Residenzstr. 2, ✆ 64430, ÖZ: April-Sept., Di-So 9-18 Uhr, Okt.-März, Di-So 10-16 Uhr
- **Stadtmuseum**, Amalienstr. 19, ÖZ: März-Dez., Di-So 10-18 Uhr
- **Studienkirche und Studienseminar**, ehem. Ursulinenkloster mit Klosterkirche aus dem Jahr 1700, heute katholische Fachakademie
- **Residenzschloss**, Anlage der Frührenaissance aus dem 16. Jh. mit der **Schlosskapelle** (ältester evangelischer Kirchenbau), Sgraffiti im Schlosshof sowie **Schlossmuseum** und **Staatsgalerie Flämische Barockmalerei**
- **Die Münz**, Vogteiburg von 1200, errichtet auf einer vorgeschichtlichen, keltischen Wehranlage, im 16. Jh. Münzstätte und Gießhaus, 1989 wiedererrichtet:
- **Provinzialbibliothek**, Frührokokobau aus dem 18. Jh. nach F. M. v. Loew, barocker Saal im Obergeschoss, seit 1803 Bibliothek. Führungen: Mai-Okt., Mi 14.30 Uhr

Neuburg an der Donau, Karlsplatz

- **Rathaus**, Renaissancebau aus dem Beginn des 17. Jh., beherbergt im Erdgeschoss die städtische Kunstgalerie.
- **Weveldhaus**, Adelspalais mit Merkmalen aus Renaissance und Barock, prachtvolle stuckierte Räume, beherbergt das Stadtmuseum:
- barocke **Hofapotheke** aus dem 18. Jh. Jazzclub im Gewölbekeller
- **Fahrrad Appel**, Ingolstädter Str. 20, ✆ 9076819
- Behr Eduard, Münchener Str. 162-164, ✆ 44889
- Bike-Markt, Münchener Str. 169, ✆ 42573 und 42890
- Fahrradladen Kneißl, Sternstr. 180, ✆ 42428
- Schlüssel gegen Kaution bei der Tourist-Information erhältlich
- **Parkbad** (Erlebnisbad), Ludwig-Thoma-Pl. 1, ✆ 61980
- **Freibad Brandlbad**, Am Unteren Brandl, ✆ 509146

Neuburg war von 742 bis 801 Bischofssitz und kam 1247 zu Bayern. Im Jahr 1505 wurde es Residenz des

Fürstentums Pfalz-Neuburg und kam 1808 an das Königreich Bayern zurück. Das markanteste Bauwerk des Ortes ist das Residenzschloss Neuburg, das schönste Renaissanceschloss an der Donau. Es verfügt über einen bezaubernden Innenhof mit zweigeschossigen Laubengängen. Die Kapelle des 1530-50 im Auftrage des Pfalzgrafen Ottheinrich errichteten Baus wird ihrer Fresken wegen, die von H. Bocksberger stammen, auch die „Bayrische Sixtina" genannt.

Von Neuburg nach Ingolstadt 22 km

18 Nach der Brücke, nach dem ersten Gebäude am **Elisenplatz** rechts abbiegen ~ vor dem Torbogen gleich wieder rechts und durch die Unterführung ~ am **Donauquai** entlang in die **Oskar-Wittmann-Straße**, die in die **Grünauer Straße** übergeht ~ am Englischen Garten vorbei ~ nach 1,8 km beginnt linker Hand ein Gewerbegebiet.

VARIANTE: Für all jene, die lieber an der Donau entlang radeln möchten, können wir eine Alternativroute empfehlen. Hierfür biegen Sie am Anfang des Gewerbegebiets links ab, fahren über die Staustufe Bergheim und biegen nach dem Kraftwerk rechts ab.

Blick aufs Schloss vom Donaukai

19 Die Hauptroute verläuft durch das Gewerbegebiet geradeaus ~ nach ca. 3,6 km am Kreisverkehr geradeaus Richtung Jagdschloss Grünau.

VARIANTE: Wenn Sie an der Kreuzung nach links abbiegen und entlang der Bundesstraße zur Brücke fahren, gelangen Sie ebenfalls zur Alternativroute entlang der Donau.

Dahinter beginnt die Au, in welcher das romantische Jagdschloss Grünau zu finden ist. Es macht seinem Namen alle Ehre, liegt es doch wunderbar inmitten der grünen Au.

Grünau

6 Jagdschloss Grünau mit **Auenzentrum Neuburg/Donau**, ÖZ: Aueninfozentrum April-Okt., Mi-Fr 9-12 Uhr, 13-18 Uhr, Sa, So/Fei 10-18 Uhr, Nov.-März, So 10-17 Uhr

Neben der „Neuen Burg" am Donauufer in Neuburg ließ Pfalzgraf Ottheinrich ein Schloss errichten, das seiner Frau Susanna als Jagdschloss dienen sollte. Die Räumlichkeiten des Renaissancebauwerkes, welches durch die landschaftlich schöne Lage sehr romantisch wirkt, sind äußerst sehenswert. In den Räumen des Schlosses wurde ein Aueninformationszentrum eingerichtet, das in einer Ausstellung über das Ökosystem der Auen und ein Projekt zur Redynamisierung der Auen informiert.

Vorbei an kleinen Gehöften am Rande der Au ~ nach **Rohrenfeld** an der Gabelung links ~ **20** am Waldrand rechts und weiter nach Weichering.

Weichering

Der Radweg führt ab Weichering gut beschildert anfangs entlang der Eisenbahnschienen weiter ~ die Bahnlinie schwenkt nach rechts ab, Sie fahren jedoch geradeaus weiter ~ links über eine kleine Brücke, danach rechs weiter auf Asphalt ~ dann auf schnurgeradem, unbefestigtem Weg durch die Au.

*VARIANTE: Kurz vor Ingolstadt führt ein Dammweg von der Straße weg zur Donau hinunter. Der Weg ist unbefestigt und mündet dann in den **Baggerweg**.*

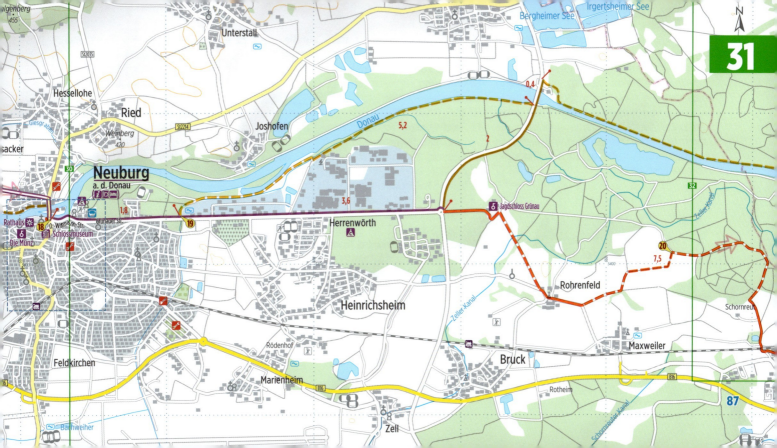

21 Rechts und sofort wieder links ~ den **Baggerweg** queren und später an diesem entlang ~ erneut den Baggerweg kreuzen und näher zur Donau ~ zwischen Donau und Luitpoldstraße zur Glacisbrücke ~ auf dieser die Donau überqueren und rechts und sofort links unter der Schlosslände ~ links in die Jahnstraße ~ rechts durch das Kreuztor in die Kreuzstraße ~ der guten Beschilderung in die Innenstadt folgen.

> **TIPP:** Achten Sie in der Stadt genau auf die vorhandenen Radzeichen, da Sie sonst leicht in den zahlreichen kleinen Gässchen die Orientierung verlieren könnten.

Ingolstadt
PLZ: 85049; Vorwahl: 0841

- **Tourist-Information**, Altes Rathaus, Rathauspl. 2, ✆ 3053030, www.ingolstadt-tourismus.de
- **Bayerisches Armeemuseum** im Neuen Schloss, Paradepl. 4, ✆ 93770, ÖZ: Di-Fr 9-17.30 Uhr, Sa, So 10-17.30 Uhr
- **Deutsches Medizinhistorisches Museum** in der Alten Anatomie, Anatomiestr. 18-20, ✆ 3052860, ÖZ: Di-So 10-17 Uhr
- **Museum für Konkrete Kunst**, Tränktor Str. 6-8, ✆ 3051871, ÖZ: Di-So 10-17 Uhr
- **Audi museum mobile im Audi Forum Ingolstadt**, Ettinger Straße, ✆ 8937575 od. ✆ 0800/2834444, ÖZ: Mo-So 9-18 Uhr
- **Stadtmuseum mit Spielzeugmuseum** im Kavalier Hepp, Auf der Schanz 45, ✆ 3051885, ÖZ: Di-Fr 9-17 Uhr, Sa, So 10-17 Uhr
- **Moritzkirche** mit Pfeifturm, älteste Kirche Ingolstadts (1234)
- **Asamkirche Maria de Victoria** (1732/36), Neubaustr. 1 1/2, ✆ 17518, ÖZ: März-Okt., Di-So 9-12 Uhr und 13-17 Uhr, Mai-Sept., Mo-So 9-12 Uhr und 13-17 Uhr, Nov.-Feb., Di-So 13-16 Uhr
- **Münster**, spätgotische Hallenkirche (1425)
- **Neues Schloss**, Paradepl. 4
- **Kreuztor** (1385) mittelalterliches Stadttor
- **Kleinzoo** Wasserstern, Gerolfinger Straße, ✆ 0176/43002631, ÖZ: April-Okt., Mo-Fr 15-18 Uhr, Sa 13-18 Uhr, So/Fei 9.30-18 Uhr, Oster-, Pfingst- und Sommerferien, Mo-Fr 14-18 Uhr, So/Fei 9.30-18 Uhr, Nov.-März, Sa 13-17 Uhr, So/Fei 9.30-17 Uhr
- **Radhaus GmbH**, Bei der Arena 7, ✆ 885772-0
- **Radhaus GmbH**, Kreuzstr. 2, ✆ 32211

Die rund 130.000 Einwohner zählende Stadt hat für jeden Geschmack etwas zu bieten. Kunstinteressierte und Historiker kommen in Ingolstadt auf ihre Kosten.

Die Stadt wurde erstmals 806 urkundlich erwähnt und erhielt 1250 das Stadtrecht. Das Liebfrauenmünster, eine große spätgotische Hallenkirche, das Neue Schloss und die Rokokokirche Maria de Victoria sind die bedeutendsten Bauten der Stadt. Letztere birgt die sogenannte Lepanto-Monstranz, ein Werk des Augsburger Goldschmiedes Johann Zeckel. Er stellte in dreißigjähriger Arbeit den Sieg über die Türken in der Seeschlacht von Lepanto dar.

Kenner von Gruselromanen können sich auf die Spuren von Frankensteins Monster begeben. Mary Shelley, die Autorin von „Frankenstein oder Der moderne Prometheus", ließ nämlich ihren Erfolgsroman in Ingolstadt spielen.

Ingolstadt, Theresienstraße

Durstige Radfahrer werden sich wohl zuerst nach einer kühlen Erfrischung sehnen. Was wäre da besser geeignet als ein bayerisches Bier? 25 Brauereien gab es einst, heute sind es nur noch vier. Die brauen immer noch nach dem Bayerischen Reinheitsgebot, das bereits 1516 in Ingolstadt erlassen wurde. „Hopfen und Malz, Gott erhalt's" ist der Leitspruch, und man darf sich sicher sein, dass außer Hopfen, Malz und Wasser nichts im Bier ist.

Von Ingolstadt nach Regensburg

93,5 km

In Ingolstadt beginnt der dritte Abschnitt Ihrer Radreise. Entlang der anfangs noch gemächlich dahinfließenden Donau gelangen Sie in das Städtchen Vohburg. Von 1.200 Jahren Geschichte erzählen Ihnen hier die historischen Befestigungsmauern und Stadttore. Ein besonderes Naturschauspiel bietet sich Ihnen zwischen Weltenburg und Kelheim: der Donaudurchbruch. Hier zwängt sich die Donau durch die Felsen des Fränkischen Juragebirges. Diese Strecke sollten Sie auf dem Wasserweg zurücklegen, die Route über den Berg ist im Gegensatz zur Schifffahrt kein Vergnügen. Ein paar mächtige Schleifen zieht die Donau noch, bevor sie ihren nördlichsten Punkt erreicht: Regensburg, eine Stadt, die alles bietet, was das Touristenherz höher schlagen lässt.

Sie fahren auf diesem Teilstück großteils auf ruhigen Landstraßen und auf autofreien Rad- und Uferwegen. Ab und zu müssen Sie kurz auf verkehrsreiche Straßen ausweichen. Hin und wieder begegnen Ihnen auch Steigungs- und Gefällestrecken.

Vohburg

Von Ingolstadt nach Vohburg — 18 km

Den Schildern folgend Ingolstadt verlassen ↷ rechts in die **Rossmühlstraße** ↷ **1** links auf die **Schlosslände** ↷ die Eisenbahn- und Schillerbrücke unterqueren ↷ dem unbefestigten Dammweg folgen.

VARIANTE Vor Kleinmehring müssen Sie eine sehr schmale Brücke passieren, die mit Anhänger nur schwierig zu bewältigen ist. Wer möchte, kann deshalb auch auf dem Dammweg geradeaus weiterfahren bis Großmehring. Man kann auch gleich am Nordufer weiterradeln und die Donau dann bei der Staustufe Vohburg überqueren, somit können Sie der verkehrsreichen Donaubrücke Großmehring ausweichen!

Bei Kleinmehring nach dem Kraftwerk links, am Gewässer rechts zur B 16a hin und direkt davor links am Ufer entlang ↷ rechts halten ↷ am Gewerbeweg rechts und gleich links auf den schmlaen Weg ↷ rechts durch die schmale Radunterführung hindurch ↷ weiter zur **Nibelungenstraße** ↷ diese mündet in die **Uferstraße** ↷ weiter auf der **Donaustraße** in Großmehring.

Großmehring
PLZ: 85098; Vorwahl: 08407

🛈 **Rathaus**, Marienpl. 7, ☎ 92940

An der Donaustraße durch den Kreisverkehr und rechts über die Donaubrücke, ⚠ Achtung im Verkehr ↷ **2** am Südufer links auf den unbefestigten Donaudamm schwenken ↷ im Linksbogen und an der Donau rechts und nun direkt am Fluss entlang nach Vohburg.

Vohburg
PLZ: 85088; Vorwahl: 08457

🛈 **Tourismusbüro**, Agnes-Bernauer-Str. 1, ☎ 9367700, www.vohburg.de

Stadtpfarrkirche St. Peter. In den Jahren 1820-23 wurde die heutige Kirche erbaut, enen hölzernen Vorgängerbau gab es wohl schon im 8. Jh. Besonders die Lage der barocken Kirche auf dem ehemaligen Burgberg oberhalb der Stadt und der Donau ist besonders.

Antoniuskirche, Stadtplatz. Die Kirche wurde 1727 von den Franziskanern als Klosterkirche erbaut. Nach der Säkularisierung des Klosters wurde das Gebäude erst als Lagerraum, dann als Theatersaal und schließlich als Pferdestatt genutzt, ehe es 1880 wieder an die Kirche zurückging.

Burgberg. Von der ehemaligen mittelalterlichen Burganlage sind heute nur noch die mittlerweile sanierten Ringmauern, das Burgtor und ein Halbrundturm erhalten. Das Innere der Anlage wird schon seit vielen Jahren als städtischer Friedhof genutzt.

Wasserturm. Oben auf dem Burgberg befindet sich der mächtige Wasserturm von 1959, der als Wasserbehälter dient und rund 200 m³ fasst.

Rathaus. Aus der ehemaligen Andreaskirche von 1270 ist mittlerweile ein modernes Rathaus entstanden. Bis in das Jahr 1880 wurde die Kirche religiös genutzt, ehe Sie dann profanisiert und vorübergehend als Lager, Feuerwehrhalle oder Turnhalle genutzt wurde, ehe 2007 das Rathaus einzog.

Großes Donautor. Das im Norden in der Nähe der gelegene Stadttor stammt aus dem 15. Jh.

Klein Donautor. Das spätgotische Tor von 1471 bildet den südlichen Zugang zum Stadtplatz und ist das Wahrzeichen der Stadt.

Auertor. Das wuchtige, in schlichter Gotik gehaltene Tor aus dem 15. Jh. liegt im Westen der Stadt.

✉ **Frei-Warmbad**, Irsching bei Vohburg, Paarstr. 20, ✆ 7626, ÖZ: Sa, So/Fei 10-19 Uhr, Mai, Sept., Di-Fr 13-20 Uhr, Juni-Aug., Di-Fr 10-20 Uhr

Von Vohburg nach Neustadt 15 o. 14,5 km

VARIANTE Am Ortsbeginn von Vohburg gabelt sich der Donau-Radweg. Eine Route verläuft am Nordufer über Pförring und wechselt bei Neustadt auf die andere Seite der Donau. Die andere Route verläuft als Dammradweg am Südufer.

Am Nordufer via Pförring 15 km

Auf dem Dammweg bis zur Donaustraße radeln ∿ links über die Donaubrücke ∿ danach rechts in die **Schützenstraße** ∿ auf dem straßenbegleitenden Radweg bis Dünzing.

Dünzing

Auf der **Dorfstraße** durch den Ort geht es weiter nach Wackerstein.

Wackerstein

Sie folgen der Radwegmarkierung in den Ort auf der **Vohburger Straße** ∿ an der Kreuzung mit der Ammergasse links weiter der Vohburger Straße folgen ∿ **3** links auf die **Vohburger Straße** ∿ an

Vohburg, Klein Donautor

der Gabelung am Ortsrand rechts ∿ auf der **Ingolstädter Straße** gelangen Sie anschließend in den Ort Pförring.

Pförring
PLZ: 85104; Vorwahl: 08403

ℹ **Verkehrsamt**, Marktpl. 1, ✆ 1528

🏛 **Römerkastell Celeusum**, 1 km nördlich des Ortes

4 Rechts in die **Donaustraße** und den Ort verlassen ∿ dann nach links in die Straße **Geisgries** ∿ am Gemeindeweiher vorbei ∿ die St 2232 queren ∿ zum Hochwasserdamm ∿ nun links auf den Damm ∿ unter der Brücke nach Neustadt hindurch ∿ in einem langen Linksbogen zur Donaubrücke ∿ links neben der B 299 auf dem breiten Radweg über die Donau **5**.

Am Südufer entlang des Deichs 14.5 km

Auf dem Dammweg bis zur **Donaustraße** ∿ geradeaus die Straße überqueren und auf die **Donaulände** unter der Brücke hindurch ∿ geradeaus und an der Kleinen Donau entlang ∿ im Standortübungsplatz Wackerstein rechts und die Kleine Donau überqueren ∿ nach der Brücke sofort links ∿ die El 35 queren ∿ am Gut Giesenau vorbei ∿ an der Kreuzung beim Gut geradeaus ∿ am Damm weiter ∿ vor der Brücke (B 299) rechts halten.

VARIANTE Sie haben hier auch die Möglichkeit, geradeaus entlang der Ilm und Abens auf unbefestigtem Wege weiterzuradeln.

Gleich wieder links abbiegen ∿ die B 299 unterqueren ∿ einen Rechtsbogen fahren ∿ geradeaus auf den Radweg auffahren **5** dem Radweg entlang der B 299 folgen ∿ eine Linkskurve fahren ∿ entlang der Donaustraße nach Neustadt a. d. Donau.

Neustadt a. d. Donau
PLZ: 93333; Vorwahl: 09445

ℹ **Kurverwaltung** Bad Gögging, ✆ 95750

⛪ **St.-Andreas-Kirche**

✴ **Hadriansäule** beim Beginn des Limes im Ortsteil Hienheim

🚲 **Fahrrad Weigl**, Herderstr. 7, ✆ 2468

🚲 **Müller**, Rambaldistr. 3, ✆ 7960

Zwischen Neustadt und Eining befinden Sie sich inmitten ausgedehnter Hopfenfelder. Die hohen Hopfenstangen mit dem herb duftenden Hopfen sind schon Wahrzeichen des Hopfenlandes Hallertau.

Von Neustadt nach Kelheim 20 km

Im Ort nach links auf die mäßig stark befahrene St 2233 (**Bad Gögginger Straße**) ∿ am

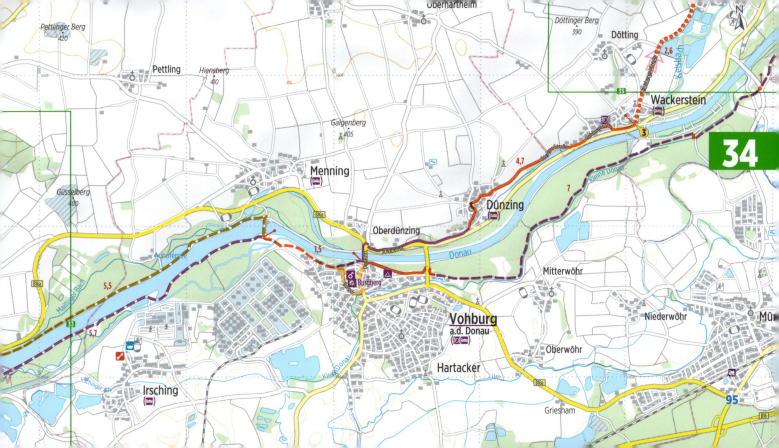

Ortsende auf den Radweg wechseln und nach Bad Gögging weiterradeln.

Bad Gögging
PLZ: 93333; Vorwahl: 09445

- **Tourist-Information**, Heiligenstädter Str. 5, ✆ 95750, www.bad-goegging.de
- **Römisches Museum für Kur- und Badewesen** in der St.-Andreas-Kirche, ÖZ: März-Okt. Di-So 16-17 Uhr
- **Fischerei-Lehrpfad**
- **Kurhaus Limestherme**, Modernes Therapiezentrum mit Schwefel-, Moor- und Thermalbädern, ✆ 20090
- **Rad'l Reger**, Heiligenstädter Str. 9, ✆ 1058

Auf dem asphaltierten Radweg nach Sittling.

Sittling
Im Ort in der Rechtskurve links abbiegen ⁓ an der Gabelung rechts halten ⁓ der Linkskurve folgen ⁓ geradeaus über die Abens ⁓ unmittelbar danach rechts halten ⁓ weiter nach Eining ⁓ die Abens rechts überqueren ⁓ gleich wieder links ⁓ an der Weggabelung links halten.

Eining
- **Römerkastell Abusina**, Römische Badeanlage

Beim Parkplatz rechts abbiegen ⁓ an der Kreuzung rechts auf die **St 2233** ⁓ links weiter auf der **Pfarrer-Krottenthaler-Straße** ⁓ nach rund 300 m auf den straßenbegleitenden Radweg

Kloster Weltenburg

wechseln ⁓ **6** bei der Ziegelei links abbiegen ⁓ an der Kreuzung links und noch ein paar Höhenmeter bergauf ⁓ am Ortsrand von Staubing rechts in die **Flecksteinstraße** ⁓ halb links in den **Holzharlander Weg** ⁓ die St 2233 unterqueren.

Staubing
Nach etwas mehr als 100 m nach der Unterführung rechts abbiegen und dem Ortsring folgen ⁓ rechts in die Straße **Am Krautgarten** ⁓ links zur Donau und rechts auf dem Dammweg weiter ⁓ **7** beim Rastplatz geradeaus ⁓ links auf die **Asamstraße** zum Kloster und zur Fähre.

Weltenburg
- **Kloster Weltenburg**. Das älteste Kloster Bayerns wurde 610 n. Chr. gegründet. Im 18. Jh. erhielt der Bau von den Gebrüdern Asam seine heutige Gestalt.

- **Schiffsverkehr zwischen Weltenburg und Kelheim,** Schiffskasse Kelheim, ✆ 09441/5858
- **Holzboote**, als Alternative zu den Schiffen fahren kleine Holzboote zwischen Weltenburg und Kelheim.

Das prachtvolle Kloster Weltenburg ist das älteste Kloster Bayerns. In der Klosterkirche der ehrwürdigen Benediktinerabtei schufen die Brüder Cosmas Damian und Egid Quirin Asam die Deckenfresken, die ein Meisterwerk des Barock darstellen. Das himmlische Jerusalem erhebt sich darin über dem Kirchenraum, und es ist mit so vollendeter Kunst an die Innenarchitektur angefügt worden, dass der Betrachter keine Übergänge erkennen kann.

VARIANTE: Da die offizielle Route anfangs auf der stark befahrenen und stark ansteigenden Straße und dann auf einem unbefestigten Forstweg weiterführt, raten wir Ihnen, in Weltenburg ein Schiff oder eine Zille nach Kelheim zu besteigen. Ob Sie den Wasserweg wählen oder ob Sie den Kampf mit Berg und Autos aufnehmen, auf alle Fälle sollten Sie zuvor im Kloster Weltenburg testen, was aus dem Hopfen um Bad Gögging geworden ist. Auch auf das Erlebnis des Donaudurchbruchs vom Wasser aus sollten Sie nicht verzichten.

TIPP: Die Anlegestelle der Personenschiffe befindet sich beim Kloster direkt an der Donau, die Fahrzeit nach Kelheim beträgt etwa 20 Minuten.

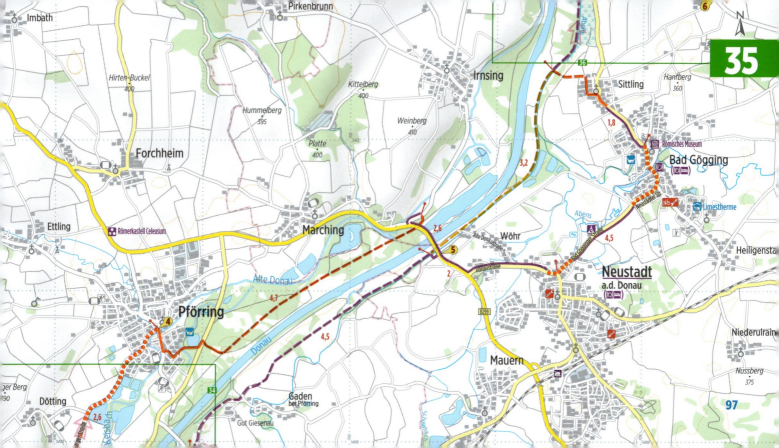

Bei Weltenburg

Der Donaudurchbruch

Passiert man mit dem Schiff den Donaudurchbruch zwischen Weltenburg und Kelheim, so erlebt man eine Landschaft von überwältigender Schönheit. Durch ein sechs Kilometer langes Tal, gesäumt von fast 100 Meter hohen weißen Felsen, zwängt sich der Strom durch den fränkischen Jura. Die bizarren Felsen ragen unmittelbar aus dem Wasser senkrecht in den Himmel und drängen die Donau auf weniger als 70 Meter Breite zusammen.

Wie Kulissen drängen und schieben sich die Gesteinsmassen vor- und nebeneinander und erscheinen in stets neuen Formen, die die Phantasie beflügeln und die Schiffer zu abenteuerlichen Geschichten und

Sagen inspirierten. Die „Drei feindlichen Brüder" etwa erstarrten einst zu Stein, weil zwei von ihnen den dritten im Donauwasser ertränken wollten. Von der „Steinernen Kanzel" herab soll Luther den Fischern das Evangelium nahegebracht haben. Auch einen „Bayrischen Löwen" gibt es da und einen „Frommen Bischof", der für das Seelenheil der Weltenburger Klosterbrüder betet.

Doch dieses kurze Stück Donau hat neben der landschaftlichen Pracht auch kulturelle Sehenswürdigkeiten zu bieten. Das am Beginn der Flussenge gelegene Kloster Weltenburg ist das älteste Kloster Bayerns, es wurde bereits 617 von Kolumbanermönchen gegründet. Die Brüder Cosmas Damian und Egid Quirin Asam schufen die Deckenfresken der Klosterkirche, die ein Meisterwerk des Barock darstellen.

Die Befreiungshalle

Wo die Fahrt zwischen den steilen Felswänden zu Ende ist, bildet ein zweites, überaus

Schiff Kelheim im Donaudurchbruch

prachtvolles Bauwerk auf der letzten Anhöhe unmittelbar vor Kelheim einen würdigen Abschluss. Es beeindruckt allerdings mehr mit seinen Ausmaßen, kunsthistorischen Ansprüchen dürfte es kaum genügen. Die Befreiungshalle wurde im Auftrag König Ludwigs I. von Leo von Klenze erbaut, der sich auch für die Walhalla verantwortlich zeichnet, die Sie später noch zu sehen bekommen. Zum Andenken an die Befreier Deutschlands aus dem napoleonischen Joch wurde dieser Bau errichtet. 18 überlebensgroße Siegerinnen reichen sich vor den inneren Strebepfeilern die Hände.

TIPP Im unteren Altmühltal können Sie zwischen Kelheim und Dietfurt eine spannende Zeitreise im größten Archäologiepark Bayerns erleben. Zahlreiche Skulpturen und Nachbildungen an 18 verschiedenen Plätzen können per Rad oder zu Fuß erkundet werden. Detaillierte Infos dazu erhalten Sie in der Tourist-Information Kelheim. In der Karte 37 finden Sie die Stationen als violette Punkte mit der entsprechenden Nummer gekennzeichnet (Punkt ❶ in Kelheim).

Kelheim
PLZ: 93309; Vorwahl: 09441

- **Tourist-Information**, Ludwigspl. 1, ✆ 701234, www.kelheim.de
- **Personenschifffahrt auf dem Main-Donau-Kanal**, ✆ 5858, Linienverkehr zwischen Kelheim-Essing-Riedenburg-Dietfurt-Beilngries vom 23. April-16. Okt.
- **Personenschifffahrt auf der Donau**, Schiffskasse Kelheim, ✆ 5858, Linienverkehr zwischen Kelheim und Weltenburg vom 21. März-1. Nov.
- **Archäologisches Museum**, Ledererg. 11, ✆ 10492, ÖZ: April-Okt., Di-So 10-17 Uhr. Man erfährt Interessantes über die Siedlungsgeschichte des unteren Altmühltals und die Stadt Kelheim im Mittelalter.
- **Befreiungshalle** auf dem Michelsberg, ✆ 68207-10, ÖZ: 15. März-Okt. 9-18 Uhr, Nov.-15. März 9-16 Uhr. Das prachtvolle Bauwerk erinnert

Kelheim, Ludwigsplatz

an die Napoleonischen Befreiungskriege 1813-1815.

- **Orgelmuseum** in der Franziskanerkirche, ✆ 5508, ÖZ: April-Okt., Di-So 14-17 Uhr, Mai, Juni, Juli, Aug. und Sept. Do 20 Uhr Führung mit Konzertino
- **Stadtpfarrkirche Mariä Himmelfahrt**, Kirchplatz. Der gotische Bau aus dem 15. Jh. besitzt einen wunderbaren Hochaltar aus Kelheimer Marmor.
- **Spitalkirche und Ottokapelle**, Wittelbachergasse. Der romanische Bau mit der barocken Innenausstattung stammt aus dem Jahr 1231.
- **Franziskanerkirche**, Am Kirchensteig, ✆ 5508, Audio-Führungen: April-Okt., Di-So 14-17 Uhr. Die Klosterkirche ist mit gotischen und barocken Fresken von 1471-1803 ausgestattet.
- **Herzogschloss**, Schlossweg. Der Bau aus dem 12. Jh. wurde 1470 umgestaltet und ist heute Sitz des Landratsamts.

Kelheim, Befreiungshalle

- **Weißes Brauhaus**, Emil-Ott-Str. 3-5, ✆ 3480. Das 1607 durch Herzog Maximilian gegründete Brauhaus besitzt einen der schönsten Biergärten Bayerns.
- **Keldorado**, Rennweg 60, ✆ 2267, ÖZ: Sommer: Mo-So 9-20.30 Uhr, Winter: Mo-Fr 9-21 Uhr, Sa, So 9-20 Uhr. Das Bade- und Freizeit-Eldorado in Kelheim.
- **Radabstellboxen**, an den Schiffsanlegestellen Donau und Altmühl, sowie im Rathaus Innenhof
- **Bike Station**, Kelheimwinzerstr. 101, ✆ 179880
- **2 Rad Jessen**, Schäfflerstr. 12, ✆ 504850
- **Zweirad Center im Donaupark**, Donaupark 33, ✆ 3024

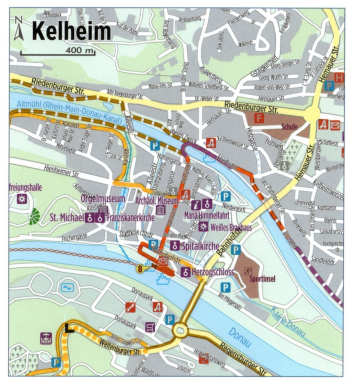

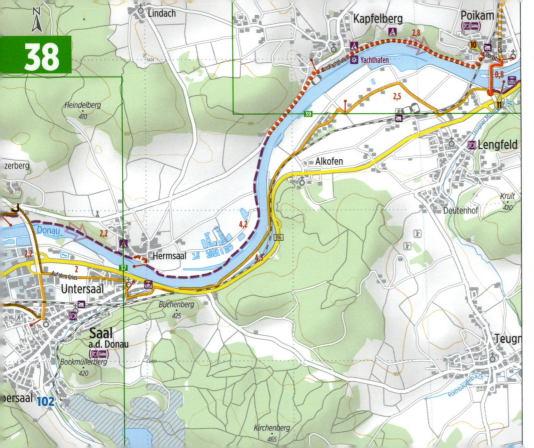

Auf dem Michelsberg, einer zwischen Donau und „Altmühl" gelegenen Bergzunge, liegen die Ursprünge von Kelheim. Hier befand sich im 5. Jahrhundert v. Chr. die von Ringwällen gesicherte Keltenstadt Alkmoenna. Heute wird die Kuppe durch die Befreiungshalle akzentuiert. Das an einen antiken Grabtempel, aber auch an das römische Pantheon erinnernde Bauwerk wurde auf Veranlassung von König Ludwig I. in den Jahren 1842-1863 errichtet. Über dem Eingangsportal prangt die Überschrift „Den Teutschen Befreiungskämpfern Ludwig I. König von Bayern". Die römische Jahreszahl MDCCCLXIII erinnert an die Eröffnung der Halle am 18. Oktober 1863, dem 50. Jahrestag der Völkerschlacht bei Leipzig.

Von Kelheim nach Bad Abbach — 18,5 km

VARIANTE Sollten Sie nicht mit der Fähre nach Kelheim gekommen sein und möchten auch der Stadt selbst keinen Besuch abstatten, so gibt es die Möglichkeit,

Gasthof Schreiner
Teugner Str. 11 • 93077 Lengfeld / Bad Abbach
Tel.: 0 94 05 / 17 17 • www.gasthof-schreiner.com

noch vor der Donaubrücke auf der Regensburger Straße (Radspur vorhanden) nach Saal an der Donau zu fahren. Vom dortigen Bahnhof aus haben Sie Verbindungen nach Regensburg bzw. Ingolstadt.

8 Von der Schiffsanlegestelle in Kelheim weiter Richtung Stadtmitte ⁓ durch das Stadttor auf die **Donaustraße** ⁓ am Rathaus geht die Donaustraße über in die **Altmühlstraße** ⁓ nach 200 m wieder durch ein Stadttor ⁓ auf einer Fußgängerbrücke über die Altmühl, den Main-Donau-Kanal fahren.

ANSCHLUSS Direkt nach der Brücke treffen die Tour de Baroque, der Fünf-Flüsse Radweg, der Altmühl-Radweg und der Donau-Radweg zusammen.

Nach links und gleich wieder rechts auf die **Friedhofstraße** ⁓ parallel zur Altmühl flussabwärts ⁓ rechts in einen schmäleren Weg näher zur Altmühl ⁓ unter der Brücke hindurch ⁓ weiter auf dem Donaudamm ⁓ weiter auf dem Donaudamm bis zum Pumpwerk ⁓ **9** nach dem Pumpwerk verläuft der Donau-Radweg weiter entlang der Donau.

VARIANTE Hier trennen sich die Wege. Die Nordroute, der offizielle Donauradweg führt auf dem unbefestigten Dammweg weiter, die Südroute führt links zur Landstraße und auf einem Radweg

103

über die Donaubrücke ans Südufer der Donau. Diese Route verläuft auf weniger stark befahrenen Straßen und Wegen als die Hauptroute. Auf der Nebenroute folgen Sie der Radwegbeschilderung Saal-Bad Abbach. In Bad Abbach kommen die beiden Routen wieder zusammen.

Auf der Nebenroute nach Bad Abbach   *12,5 km*

In Kelheimwinzer auf dem asphaltierten Radweg über die Brücke ↝ links in die Straße **Auf dem Gries** ↝ hinein nach Untersaal.

Untersaal
Die Regensburger Straße schräg nach rechts überqueren in die **Bachgasse** ↝ über den Feckinger Bach und danach links ↝ in **Alkofen** an der Weggabelung rechts und nach einem Rechts-Links-Schwenk auf dem asphaltierten Weg bleiben ↝ nach der Bahnüberquerung nach links ↝ vor der Brücke rechts und in einem Linksbogen auf die Brücke und über die Donau ↝ links in die Straße **Zur Donaubrücke** ↝ geradeaus in die **Kreuzstraße** ↝ Rechtsbogen und über die **Brückenstraße** ↝ über den Schleusenkanal ↝ am Inselbad und an Sportplätzen vorbei ↝ die Donau überqueren ↝ an der **Oberndorfer Straße** links auf die Hauptroute.

Auf der Hauptroute folgen Sie dem Uferweg immer an der Donau entlang ↝ zur Mündung in die Hauptstraße kurz vor Kapfelberg ↝ ab hier dem Landstraßenverlauf folgen ↝ am Ortseingang von Kapfelberg nach den Sportplätzen rechts in die Straße **Am Yachthafen** ↝ an der Donau entlang nach Poikam.

Poikam
10 An der Stoppstraße rechts in die **Dorfstraße** ↝ in der Ortsmitte biegen Sie nach rechts in die **Kreuzstraße** ein ↝ rechts in die **Brückenstraße** und über die Donau ↝ nach der Brücke in einem langen Rechtsbogen unter der Brücke durch ↝ rechts auf den Radweg an der B 16 ↝ **11** links auf den asphaltierten Radweg ↝ dem Weg bis zur Höhe des Kurparks folgen ↝ in einer scharfen Rechtskurve unter der B 16 durch ↝ links auf die **Kaiser-Karl-V.-Allee** nach Bad Abbach.

Bad Abbach
PLZ: 93077; Vorwahl: 09405

- **Kurverwaltung**, Kaiser-Karl-V.-Allee 5, ☎ 95990
- **Museum Bad Abbach**, Rathaus, Raiffeisenstr. 72, ☎ 95900, ÖZ: Mai-Sept. tägl. 9-20 Uhr
- **Kaiser-Therme**, Kurallee 4, ☎ 95170
- **Inselbad**, Inselbadstr. 2a, ☎ 940623, ÖZ: Mai-Sept., tägl. 9-20 Uhr

Von Bad Abbach nach Regensburg   *22 km*

Der **Kaiser-Karl-V.-Allee** bis zum Ende folgen und links in die Fußgängerzone **Am Markt** ↝ weiter geradeaus in die **Kaiser-Heinrich-II.-Straße** ↝ halb links auf der **Oberndorfer Straße** die B 16 unterqueren ↝ **12** bei der futuristischen Rad- und Fußgängerbrücke links auf den straßenbegleitenden Radweg der **Donaustraße** flussabwärts ↝ danach die nächsten Kilometer auf dem Uferweg in Donaunähe bleiben.

Hotel Elisabeth
Komm denken an der Donau vor den Toren Regensburgs

Ratsdienerweg 4-8
93077 Bad Abbach
Tel.: +49 (0)9405/9509-0
post@hotel-elisabeth.net
www.hotel-elisabeth.net

EZ 56,00 € - 75,00 €
DZ 90,00 € - 125,00 €
3-Bettzimmer 110,00 €
Alle Preise inkl. Frühstücksbuffet

Erleben Sie Regensburg & Kelheim!
- inhabergeführtes Hotel garni mit 34 Zimmern
- nur wenige Minuten vom Donauradweg entfernt
- zentrale, aber sehr ruhige Lage am herrlichen Kurpark
- kostenlose Fahrradgarage

Matting

PLZ: 93080; Vorwahl: 0941

⛴ Historische Gierseilfähre, ✆ 92082-13

An der Anlegestelle vorbei und in einem Rechts-links-Bogen auf die Straße **An der Donau** ~ nach rund 600 m wieder links und näher zur Donau ~ nach rund 6 km **13** unter der Autobahn hindurch ~ nach der Eisenbahnbrücke bei der Donaufähre Großprüfening weiter auf dem gekiesten Radweg unter der A 93 hindurch ~ auf die **Holzländstraße** ~ geradeaus in die stark befahrene **Keplerstraße** ~ über den **Fischmarkt** ~ an der Steinernen Brücke vorbei und weiter auf der **Thundorferstraße**.

Regensburg

PLZ: 93047-93059; Vorwahl: 0941

ℹ **Tourismusbüro Landkreis Regensburg**, Altmühlstr. 3, ✆ 4009-495

ℹ **Tourist-Information**, Altes Rathaus, Rathauspl. 4, ✆ 5074410, www.regensburg.de

⛴ **Regensburger Personenschifffahrt Klinger GmbH**, ✆ 52104, Betriebszeiten: April-Okt.,

Gaststätte Fänderl
- Gutbürgerliche Küche
- Fahrradgarage
- Badebucht an der Donau
- Fahrradwerkstatt im Ort

93080 Matting • Wirtsweg 2
Tel.: 09405/2105

Hotel ★★★★ **Münchner Hof**
Dependance **Blauer Turm** ★★★★

www.muenchner-hof.de
Tändlergasse 9 | 93047 Regensburg | Tel. 0941-58440
Erleben Sie im Herzen der malerischen Altstadt eine ganz persönliche Atmosphäre. Fahrradstellplätze im Innenhof.
EZ 78,- / 88,- € **DZ** 98,- / 108,- € **Suite** 125,- / 165,- €

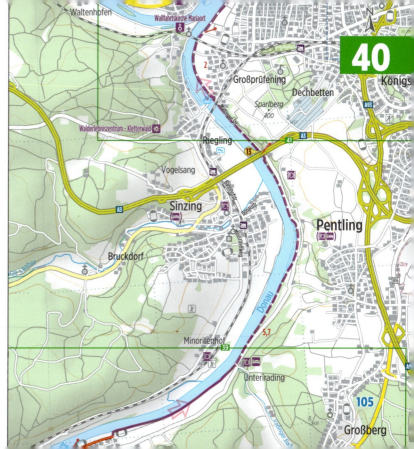

Strudelfahrten und Schleusenfahrt auf der Donau und Walhalla Fahrt ab der Steinernen Brücke

- **Donauschifffahrt Wurm + Köck**, ✆ 50277880, Betriebszeiten: April-Okt., Walhalla-Fahrt mit der Kristallflotte ab Eiserne Brücke
- **Diözesanmuseum St. Ulrich**, Dompl. 2, ✆ 597-2530, ÖZ: 1. April-1. Nov., Di-So 10-17 Uhr. Die Sammlung zeigt Plastiken, Gemälde, Bronze- und Goldschmiedekunst.
- **Diözesanmuseum Obermünster**, Emmeramspl. 1, ✆ 597-2530, ÖZ: n. V. Themen: religiöse Graphik, zeitgenössische christliche Kunst und Volkskunst; zusätzl. öffentliche Bibliothek und Photoarchiv.
- **Domschatzmuseum**, Krauterermarkt 3, ✆ 597-2530, ÖZ: 1. April-1. Nov., Di-Sa 10-17 Uhr, So/Fei 12-17 Uhr. Zu sehen sind Arbeiten der Goldschmiedekunst und Paramente vom 11.-20. Jh.
- **Fürst Thurn und Taxis Schlossmuseum mit Kreuzgang**, Emmeramspl. 5, ✆ 5048-133, Führungen: April-Okt., Mo-So 11, 13, 14, 15 und 16 Uhr, Sa, So/Fei zusätzl. 10 Uhr, Nov.-März, Sa, So/Fei 10, 11, 14, 15 Uhr. Im Mittelpunkt stehen Einrichtungsgegenstände aus dem ehemaligen Palais in Brüssel und der Residenz in Frankfurt. Das **Marstallmuseum** zeigt Kutschen, Schlitten, Tragsessel sowie Reitzubehör, ÖZ: auf Anfrage.
- **Fürst Thurn und Taxis Museen: Fürstliche Schatzkammer**, Emmeramspl. 5, ✆ 5048-133, ÖZ: April-Okt., Mo-Fr 11-17 Uhr, Sa, So, Fei 10-17 Uhr, Nov.-März, Sa, So, Fei 10-17 Uhr. Erlesene Möbel, feinstes Porzellan, exklusive Gold- und Silberarbeiten, eine einzigartige Sammlung wertvoller Schnupftabakdosen und zahlreiche andere Pretiosen zeugen vom Glanz eines der führenden Geschlechter des europäischen Hochadels.
- **Kepler-Gedächtnishaus**, Keplerstr. 5, ✆ 5073442, ÖZ: Sa, So/Fei. 10.30-16 Uhr, Führungen: Sa, So, Fei 14.30 Uhr. Hier können Sie alles über das Leben und Werk des Astronomen und Mathematikers erfahren.
- **Historisches Museum**, Dachaupl. 2-4, ✆ 507-2448, ÖZ: Di, Mi, Fr-So/Fei 10-16 Uhr, Do 10-20 Uhr. Das Museum bietet eine umfassende Information über die Kunst- und Kulturgeschichte Regensburgs und Ostbayerns.
- **Reichstagsmuseum im Alten Rathaus**, ✆ 507-3440, ÖZ: Führungen: April-Okt., tägl. 9.30, 10, 10.30, 11, 11.30, 12, 13.30, 14, 14.30, 15(engl.), 15.30, 16 Uhr. Nov.-Anf. Jan. und März, tägl. 10, 11.30, 13.30, 14(engl.), 15, 15.30 Uhr. Anf. Jan.-Feb., tägl. 10, 11.30, 13.30, 15 Uhr. Dokumente zur Geschichte der Reichsversammlung und der Reichstage in Regensburg.
- **Donau-Schifffahrts-Museum**, Thundorfer Straße, Marc-Aurel-Ufer, ✆ 5075888, ÖZ: April-Okt., Di-So 10-17 Uhr. Das Dampfschiff des Typs „Maria Anna" (es fuhr im September 1937 erstmals auf der Donau) ist als Museumsschiff zu besichtigen.

Regensburg, Goldener Turm

- **document Neupfarrplatz**, Dachaupl. 2-4, ✆ 5071442. Unterirdische Schauräume am Neupfarrplatz (Römerzeit, mittelalterliches Judenviertel, frühe Neuzeit und Zeit des Nationalsozialismus). Zugangsmöglichkeit nur mit Führung: Do-Sa 14.30 Uhr, Juli/Aug., Do-Mo 14.30 Uhr, Kartenverkauf unter ✆ 54831
- **document Schnupftabakfabrik**, Gesandtenstr. 3-5, ✆ 5073442, Führungen: Fr, Sa und So 14.30 Uhr. Authentischer Eindruck von der Kunst der damaligen Tabakherstellung in einem mittelalterlichen Wohnpalast.
- **Brückturm-Museum**, Weiße-Lamm-G. 1, ✆ 507-5889. ÖZ: April-Okt., Di-So 10-17 Uhr. Objekte und Informationen zur Geschichte der Steinernen Brücke und der Donauschifffahrt.
- **Naturkundemuseum Ostbayern**, am Prebrunntor 4, ✆ 507-3443, ÖZ: Mo 9-12, Di-Fr 9-16 und So 10-17 Uhr. Ständige Ausstellungen zu Landschaften und zur Erdgeschichte Ostbayerns.
- **Städtische Galerie im „Leeren Beutel"**, BertoldStr. 9, ✆ 507-2440, ÖZ: Di-So 10-16 Uhr. Kunst des 20. Jhs. in Ostbayern, ständig Sonderausstellungen moderner Kunst.
- **Kunstforum Ostdeutsche Galerie**, Dr.-Johann-Maier-Str. 5, ✆ 297140, ÖZ: Di, Mi, Fr-So 10-17 Uhr, Do 10-20 Uhr. Gezeigt werden

Malerei, Graphik und Plastiken des 19. und 20. Jhs. von Künstlern aus Osteuropa.

- **Golfmuseum**, Tändlerg. 3 (Antikhaus Insam), ✆ 51074, ÖZ: Mo-Sa 10-18 Uhr
- **document Niedermünster**, Niedermünsterg. 4, Zugangsmöglichkeit nur mit Führung: Mai-Okt., So, Fei und Mo 14.30 Uhr, Anmeldung und Infos: Infozentrum DOMPLATZ 5, Dompl. 5, ✆ 597-1660. Unter der romanischen Niedermünsterkirche aus dem 12. Jh. eröffnet sich eine der größten archäologischen Ausgrabungen Deutschlands.
- **Dom St. Peter**, Infozentrum Dompl. 5, ✆ 5971660, ÖZ: April-Okt. 6.30 und 18 Uhr, Nov.-März 6.30-17 Uhr. Mit Bischofsgrablege, Kreuzgang und Allerheiligenkapelle.
- **Geführte Radtouren**, genauere Infos bei der Regensburger Tourismus GmbH und ✆ 507-3413 und -3417

Regensburg, Steinerne Brücke

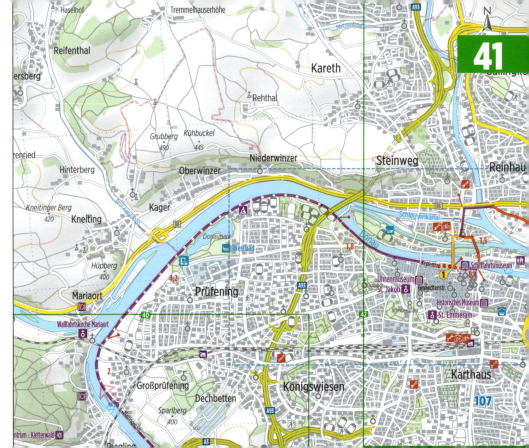

✲ **Steinerne Brücke mit Brücktor**
✲ **Porta Praetoria,** ältestes Stadttor, von den Römern um ca. 179 n. Chr. erbaut
✲ **Besucherzentrum Welterbe Regensburg im Salzstadel,** Weisse-Lamm-G. 1, ✆ 5075410, ÖZ: tägl. 10-19 Uhr. Auf zwei Etagen Ausstellungsfläche erwarten Sie eindrucksvolle Exponate und Objekte, aber auch interaktive Spielstationen und Medieninstallationen.
✲ **Botanischer Garten,** Universität, ÖZ: Mo-Mi 7-16 Uhr, Do 7-15.30 Uhr, Fr 7-14 Uhr, So 11-18 Uhr, ÖZ im Winter witterungsabhängig.
✲ **Reptilien-Zoo,** Obertraublinger Str. 25, ÖZ: 10-18 Uhr
Rent a Bike, Bahnhofstr. 18, Infohotline ✆ 5998808, ÖZ: April-Sept., 10-13 und 14-19 Uhr, So 10-14 und 15-19 Uhr. Sept.-März, Di-Sa 10-13 und 14-19 Uhr. Service, Verleih, Bikeambulanz, Verkauf
Zweirad Ehrl, Am Protzenweiher 5-7, ✆ 85124, auch E-Bikes
Bikehaus, Landshuter Str. 19, ✆ 46520781

Regensburg ist eine bemerkenswerte Stadt: Über 2.000 Jahre zählt ihre Geschichte schon, und hier blieben so viele mittelalterliche Gebäude erhalten wie kaum an einem anderen Ort. So ist zum Beispiel die Steinerne Brücke nicht nur die älteste Brücke über die Donau, die noch funktionsfähig ist, sondern auch die älteste von ganz Deutschland. Sie stammt aus der ersten Hälfte des 12. Jahrhunderts und wurde von Herzog Heinrich dem Stolzen in Auftrag gegeben.

Regensburg, Steinerne Brücke und Dom

Johann Wolfgang Goethe schrieb über Regensburg: „In der Stadt steht Kirche gegen Kirche", doch können Sie hier auch eine Vielzahl anderer bedeutender Baudenkmäler bewundern. In der von der UNESCO zum Weltkulturerbe erklärten Altstadt erwarten Sie in verwinkelten Gässchen beeindruckende alte Bürgerhäuser, romanische Sakralbauten oder das Schloss der Fürsten Thurn und Taxis. Die zahlreichen Plätze, Gässchen und Märkte der Donaumetropole sowie die bunten Häuser und die vielen erhaltenen Turmbauten und Torbögen sorgen für südländisches Ambiente, weshalb Regensburg auch als „nördlichste Stadt Italiens" bezeichnet wird. Das Wahrzeichen von Regensburg ist der Dom, mit dessen Bau schon im 8. Jahrhundert begonnen wurde. 1255 genügte der Dom den Ansprüchen der inzwischen viel wohlhabenderen Stadt nicht mehr, und so machte man sich daran, einen Neubau im gotischen Stil zu errichten. 1525 musste der Bau aber aus Geldmangel eingestellt werden, die endgültige Fertigstellung dauerte sogar bis gegen Ende des 19. Jahrhunderts. An der Nordseite des Doms befindet sich noch ein Gebäudeteil aus romanischer Zeit, der sogenannte Eselsturm. Angeblich haben hier Esel auf dem Weg, der sich um den Mittelpfeiler windet, Baumaterial nach oben befördert. Das stimmt zwar nicht, doch das Gerücht hielt sich lange. Regensburg war auch die Heimat des Astronomen und Mathematikers Johannes Kepler. In seinem Wohn- und Sterbehaus in der Keplerstraße 5 wurde ein Museum eingerichtet. Während Galileo Galilei noch 1663 seine Erkenntnisse über planetare Bewegungen widerrufen musste, konnte Kepler bereits relativ ungehindert seine Arbeiten veröffentlichen – wenn man davon absieht, dass seine Mutter der Hexerei bezichtigt wurde.

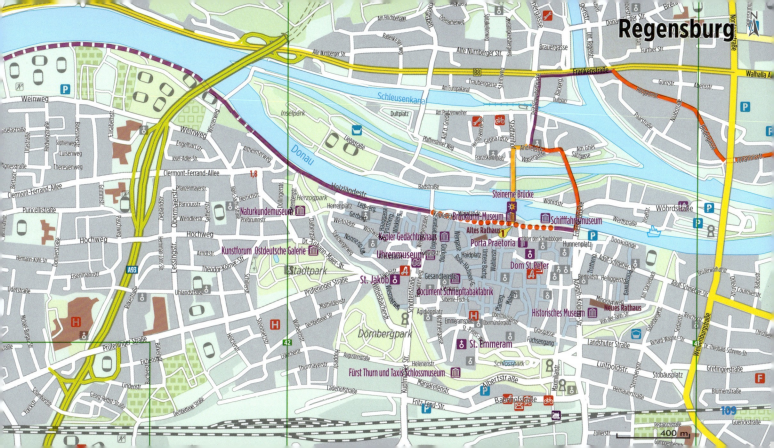

Von Regensburg nach Passau

147 km

In Regensburg wird der Lauf der Donau durch das harte Gestein der Böhmischen Masse umgelenkt. Die fruchtbare Ebene des Gäubodens zur Rechten und die Vorberge des Bayrischen Waldes zur Linken, sucht sich der Fluss den Weg Richtung Südosten. Es herrscht nun reger Schiffsverkehr auf der Donau. Auf Ihrer Reise gelangen Sie nach Straubing, das seit der Römerzeit als Herz des Gäubodens gilt. In großzügigen Mäandern zieht der Fluss durch die weite Ebene, bis er in Deggendorf, dem Tor zum Bayrischen Wald, von den Millionen Jahren alten Hügeln umfangen wird. Am Ende des Donau-Radweges empfängt Sie das „Venedig des Nordens", wie die Dreiflüssestadt Passau gern bezeichnet wird. Die Stadt hat einiges zu bieten. So etwa den Dom, die katholische Hochschule, das Rathaus, die Festung, die wunderschöne barocke Altstadt und vieles mehr.

Meist auf ruhigen Straßen und Radwegen werden Sie von Regensburg nach Passau geführt. Nur sehr selten müssen Sie auf diesem letzten Streckenabschnitt auf verkehrsreiche Straßen ausweichen.

Von Regensburg nach Wörth 27,5 km

1 Bei der **Steinernen Brücke** geradeaus auf den linksseitigen Radweg der **Thundorfer Straße** ~ auf der Eisernen Brücke die Donau queren ~ dann halblinks in die **Proskestraße** einbiegen und über den **Grieser Steg** ~ dahinter dem Radweg neben der **Andreasstraße** auf die **Protzenweiherbrücke** folgen ~ an der ampelgeregelten Kreuzung biegt der Radweg in die **Frankenstraße** ein ~ nach der Frankenbrücke an der Kreuzung rechts abbiegen in die **Holzgartenstraße** ~ dann rechts ab in die **Bedelgasse** ~ unter der Nibelungenbrücke hindurch in die **Johannisstraße** ~ links in den **Weichser Weg** ~ gleich wieder rechts auf den **Schwabelweiser Weg** stadtauswärts in die gleichnamige Ortschaft ~ danach entlang des Damms nach **Tegernheim**.

Tegernheim

✱ **Geopfad** in der Tegernheimer Schlucht

Regensburg, Porta Praetoria

🚲 **Fahrradservice Zdenko Francuski**, Hauptstr. 44, ✆ 962330

Auf einem angenehm zu befahrenden Weg weiter nach Donaustauf ~ **2** an der Abzweigung zur Walhalla geradeaus.

AUSFLUG Mit dem Rad müssen Sie zur Walhalla leider einen steilen, langen Anstieg in Kauf nehmen, viel bequemer ist es hingegen, den Fußweg zur Walhalla zu benutzen. Dieser führt 500 m nach der Kirche St. Salvator steil durch den Wald hinauf.

Donaustauf
PLZ: 93093; Vorwahl: 09403

ℹ **Touristinfo Donaustauf und Heimat-und Fremdenverkehrsverein**, Maxstr. 24, ✆ 9552929, www.touristinfo-donaustauf.de

⛪ **Wallfahrtskirche St. Salvator**, im 15. Jh. im gotischen Stil erbaut, später barockisiert und im Jahr 1843 durch Leo von Klenze dem Walhallabaustil angepasst.

🏰 **Burgruine Donaustauf**, die Burg ist als Wehrbau um 914 n. Chr. errichtet und 1634 von den Schweden im Dreißigjährigen Krieg zerstört worden.

✱ **Walhalla**, Walhalla-Str. 48, ✆ 961680, ÖZ: April-Sept., 9-17.45 Uhr, Okt., 9-16.45 Uhr, Nov.-März, 10-11.45 Uhr und 13-15.45 Uhr. Von Leo von Klenze im Auftrag König Ludwig I. in den Jahren 1830-42 auf dem Bräuberg erbauter Tempel im dorischen Stil. Bedeutendstes klassizistisches Bauwerk des 19. Jhs.

✱ **Chinesischer Turm**. Um 1900 wurde der Chinesische Turm aus dem Fürstengarten des Donaustaufer Schlosses in den Schlossgarten von Prüfening in Regensburg gebracht. Im Jahr 1999 wurde der Chinesische Turm wieder in den Fürstengarten zurückgeführt.

✱ **Historischer Ortskern**. Der überwiegend aus spätklassizistischen Gebäuden bestehende Ortskern zieht sich wie ein ununterbrochen gekrümmtes Band um den Burgberg.

Donaustauf ist ein malerisch um den Burgberg gelegener Marktflecken, der sich bereits im Mittelalter als bürgerliche Siedlung im Schutze der mächtigen Befestigungsanlagen entwickelte.

Walhalla

Schon als zwanzigjähriger Kronprinz hegte Ludwig I. den Plan, "rühmlich ausgezeichnete Teutsche" in einem Ehrentempel zu vereinen. Ganze 19 Jahre musste er allerdings warten, bis er auf dem Bräuberg bei Donaustauf, nahe Regensburg, den Grundstein für die Walhalla legen konnte. Zu diesem Zeitpunkt hatte er schon 60 Marmorbüsten meißeln lassen.

Als im Oktober 1842 die Walhalla eröffnet wurde, fanden 162 rühmlich Ausgezeichnete darin Platz. Später durfte Ludwig I. übrigens auch mit der Errichtung der Befreiungshalle am Ende der Weltenburger Enge seinen patriotischen Gefühlen freien Lauf lassen.

Die vom selben Architekten (Leo von Klenze) erbaute Walhalla ist eine Nachbildung des Parthenon auf der Akropolis. Eine Treppe aus 348 Marmorstufen führt zum Eingang hinauf, auch die Säulen und die Tempelmauern sind aus Marmor. Die Maße des Innenraums entsprechen ebenfalls fast genau denen des Parthenons. Die Bedeutung des Namens geht auf die altnordischen Heldensagen zurück: "Walhall" ist der Ort, an dem Odin, auch Wotan genannt, Herr

der Götter und zugleich Gott der Schlachten, die gefallenen Helden an seiner Tafel empfängt. Eigentlich kurios, diesen Ort mit einem griechischen Tempel zu versinnbildlichen. Kurios ist auch das Testament Ludwigs I., in dem er die Nachgeborenen verpflichtete, die Ruhmeshalle weiterhin mit berühmten Deutschen zu füllen. Die bayrische Landesregierung ist dieser Weisung seit 1945 immerhin bereits neun Mal gefolgt. Am Donauufer auf einem Radweg über **Demling** nach Bach.

Bach a. d. Donau
PLZ: 93090; Vorwahl: 09403

🏛 **Baierweinmuseum**, Infos: Wörther Str. 5 (Donaustauf), ✆ 95020, ÖZ: Mai–Sept., So 13–16 Uhr. Historisches Weinpresshaus aus dem 14. Jh. und Weinlehrpfad.

✦ **Historisches Schmucksteinbergwerk**, Am Kittenrain, ✆ 9529531, ÖZ: März–Okt., tägl. 11–17 Uhr, Führungen zur vollen Stunde.

Weiter nach Frengkofen.

Frengkofen
Den Ort durchfahren und weiter entlang der Donau ~ die Autobahn unterqueren **3**.

VARIANTE Hier gabelt sich die Route. Die südliche Variante verläuft in Donaunähe mitunter auf unbefestigten Wegen. Der nördliche Abschnitt führt auf direktem Weg in Richtung Wörth weiter.

Entlang der Donau in Richtung Wörth   10 km
Für die südliche Route nach der Autobahnunterführung rechts halten ~ nun immer an der Donau entlangradeln ~ die St 2146 unterqueren ~ nach 4 km links abbiegen ~ **4** an der T-Kreuzung rechts weiter.

Über Kiefenholz in Richtung Wörth   5 km
Hinter der Autobahnunterführung der schmalen Asphaltstraße nach Kiefenholz folgen.

Kiefenholz
Im Ort bei der Kirche links abbiegen und den Ort wieder verlassen ~ links am Kreisverkehr vorbei ~ die R 7 kreuzen.

AUSFLUG An der Abzweigung mit dem Auweg, kommen Sie links in die Stadt Wörth. Nachdem Sie eine Brücke und die Autobahn überquert haben, befinden Sie sich im Ort.

Wörth
PLZ: 93086; Vorwahl: 09482

ℹ **Verkehrsamt**, Rathauspl. 1, ✆ 94030

⛪ **Pfarrkirche St. Peter**. Die dreischiffige gotische Basilika wurde im 13. Jh. errichtet.

🏰 **Schloss Wörth**, von der mittelalterlichen Anlage sind noch das Torhaus, die Türme und der Bergfried erhalten.

Von Wörth nach Straubing   23 km
4 Auf der Hauptroute geradeaus ~ an einer Kreuzung links und an der A 3 rechts auf einen Parallelweg ~ an der T-Kreuzung rechts und an der nahen Gabelung links ~ nach rund 500 m an der T-Kreuzung links ~ an der St 2125 rechts und nach wenigen Metern links ~ nach rund 3 km an der Kreuzung rechts nach Pondorf.

Pondorf
Im kleinen Ort nach der Kirche links in die **Donaugasse** ~ **5** bei der T-Kreuzung links zuerst ca. 3 km auf unbefestigtem Weg, dann wieder auf Asphalt Richtung **Pittrich** ~ im Ort einer scharfen Linkskurve folgen ~ vor Kößnach einen Damm queren ~ geradeaus in die **Wirtstraße**.

Kößnach
Rechts in die **Straubinger Straße** und auf dieser die Ortschaft durchfahren ~ **6** dem Radweg entlang der Hauptstraße nach Sossau folgen.

Sossau
⛪ **Wallfahrtskirche** Mariä Himmelfahrt

Bei der Kirche rechts über die Brücke der Kößnach und am Sportplatz vorbei ~ an der Westtangente links und über die Staustufe

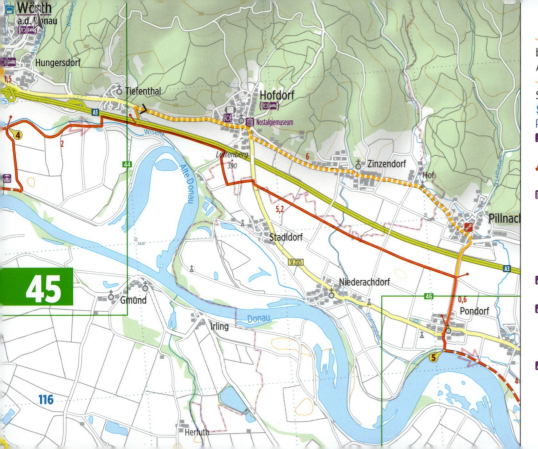

~ geradeaus zum **Straubinger Eisstadion** ~ beim Eisstadion geradeaus ~**7** an der zweiten Ampel links auf den **Theresienplatz** einbiegen ~ und schon befinden Sie sich mitten im Stadtzentrum.

Straubing
PLZ: 94315; Vorwahl: 09421

- **Amt für Tourismus**, Theresienpl. 2, ☏ 944307, www.straubing.de
- **Donau-Personenschifffahrt**, Reederei Wurm, Passau. Fahrten auf der Strecke Straubing-Passau. ☏ 0851/929292
- **Gäubodenmuseum**, Fraunhoferstr. 23, ☏ 974110, ÖZ: Di-So 10-16 Uhr. Im Museum sind der weltberühmte, 1950 entdeckte Straubinger Römerschatz und Glanzstücke des Bajuwarenfundes zu bewundern. Außerdem präsentieren sich die Sakrale Kunst und Volksfrömmigkeit, die Stadtgeschichte sowie Sonderausstellungen.
- **Karmelitenkirche**. Die spätgotische Hallenkirche mit Mönchschor wurde um 1700 von Wolfgang Dientzenhofer barockisiert.
- **Stadtpfarrkirche St. Jakob**. Die spätgotische Hallenkirche aus dem 15. Jh. ist eine der bedeutendsten Backsteinkirchen Altbayerns und beherbergt als besonderen Schatz das Mosesfenster nach einem Entwurf von Albrecht Dürer.
- **Frauenbrünnl**, Wallfahrtskirche „Unserer Lieben Frau", 1705-07 wurde der barocke Bau mit drei Konchen und Vorhalle errichtet.

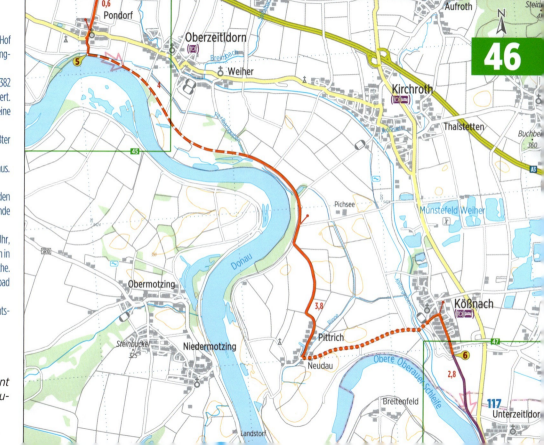

- **Ehem. Herzogsschloss.** Der Bau der unregelmäßig um einen Hof angelegten Anlage begann unter Herzog Albrecht I. von Straubing-Holland im Jahre 1356.
- **Rathaus.** Das imposante gotische Hauptgebäude wird seit 1382 als Rathaus genützt und wurde bis ins 19. Jh. mehrfach erweitert.
- **Spitaltor.** Das Torhaus aus dem Spätmittelalter erhielt 1628 seine heutige Gestalt.
- **Trabrennbahn**, Ejadonstr. 45, ✆ 3777. Auf Ostbayerns größter Trabrennbahn finden regelmäßig Rennen statt.
- **Stadt- und Stadtturmführungen**, Infos beim Amt für Tourismus.
- **Golf**, zwei 18-Loch-Plätze in unmittelbarer Umgebung
- **Stadtturm.** Das mittelalterliche, 68 m hohe Wahrzeichen mit den vier Ecktürmen und Mittelturm wurde 1316 grundgelegt. Bis Ende des 16. Jhs. erfolgte der weitere Ausbau des Turms.
- **Tiergarten**, Am Tiergarten 3, ✆ 21277, ÖZ: Sommer, 8.30-18 Uhr, Winter, 9-16 Uhr. Einziger Zoo Ostbayerns mit über 1.700 Tieren in ca. 200 Arten und einem einzigartigen Aquarium für Donaufische.
- **AQUAtherm**, Wittelsbacher Höhe 50/52, ✆ 864444, ÖZ: Freibad Mitte Mai-Mitte Sept., Hallenbad Mitte Sept.-Mitte Mai.
- **Bund Naturschutz**, Ludwigspl. 14 (1. Stock), Zugang über Albrechtsgasse, ✆ 2512
- **Fahrzeughaus Simmerl**, Roseng. 45, ✆ 22539
- **Lang**, Chamer Str. 32, ✆ 88353
- **Zweiradcenter Stadler**, Chamer Str. 47, ✆ 99200

Die Geschichte der Stadt Straubing beginnt mit einer Keltensiedlung namens „Sorviodu-

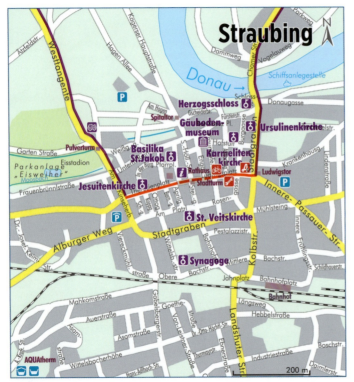

rum". Es folgten die Römer, die seit 70 n. Chr. hier mehrere Kastelle und ein ausgedehntes Lagerdorf erbauten. Im Gäubodenmuseum sind örtliche Funde ausgestellt, insbesondere der weltberühmte „Straubinger Römerschatz". Um 500 setzt die bajuwarische Besiedlung ein, namensgebend wird Strupo mit seinen Leuten: „Strupinga". 1218 gründete der Wittelsbacherherzog Ludwig der Kelheimer die Neustadt Straubing.

Die älteste Kirche Straubings ist St. Peter, ein hervorragendes Beispiel bayerischer Romanik. Der Friedhof St. Peter ist einer der stimmungsvollsten historischen Friedhöfe im deutschsprachigen Raum. Im 14. Jahrhundert wurde der Stadtturm erbaut, der inmitten des beeindruckenden, von Bürger- und Patrizierhäusern eingefassten Marktplatzes thront. Die Gebrüder Asam erhielten den Auftrag zum Bau der Ursulinenkirche, einem barocken Kleinod.

Nach der Münchner Wies'n ist Straubings Gäubodenvolksfest um den 15. August Bayerns größtes Volksfest. Dazu gehört auch die Regionalausstellung Ostbayernschau.

Der Plank-Hof Waltendorf

Gästezimmer mit Dusche/WC, Sat-TV, Balkon
Übernachtung mit Frühstück DZ € 50,- / EZ € 30,-
Zeltplatz mit Sanitäranlagen, Waschmaschinenbenützung, Indianertipi mit Feuerstelle, Liegewiese, Sauna, Solarium, Spielplatz, Grill, Scheune mit Billard und versch. Spielmöglichkeiten, Stadelfeste und life Musik! Wirtsstub´n und Biergarten mit gepflegter Gastlichkeit, Hofmetzgerei, genießen Sie köstliche Schmankerl, hausgemachte Brotzeiten und selbstgebackene Kuchen.

**Familie Plank • 94559 Waltendorf 19
Mobil: 0171 3866335 • Fax: 09906/94011
info@plank-hof.de • www.plank-hof.de**

Von Straubing nach Deggendorf — 41 km

Auf der Straße **Stadtgraben** nach Norden zur Donau ↝ hinter der Brücke dem Radweg entlang der **Chamer Straße** folgen ↝ auf der **Agnes-Bernauer-Brücke** über die Alte Donau und danach gleich rechts ↝ auf der **Ziererstraße** flussabwärts ↝ dem Donauufer treu bleiben ↝ auf einer verkehrsarmen Landstraße erreichen Sie **Reibersdorf** ↝ am Ortsende halb rechts von der Donaustraße wegbiegen ↝ die Alte Kinsach queren ↝ bei den Tennisplätzen vor Bogen links ↝ **8** nach dem Sportplatz der Kinsach nach rechts folgen ↝ dann die Bahn bis zur **Straubinger Straße** begleiten ↝ nach dem Bahnübergang auf der **Bahnhofstraße** zum Stadtplatz.

Bogen

PLZ: 94327; Vorwahl: 09422

- **Tourismusamt**, Stadtpl. 56, ✆ 5050, www.bogen.de
- **Kreismuseum Bogenberg**, ehemaliger Pfarrhofstadel, ✆ 5786, ÖZ: Mi, Sa 14-16 Uhr, So/Fei 10-12 Uhr und 14-16 Uhr. Zwei Themenschwerpunkte zeigen die verschiedenen Etappen der Bayerischen Rauten und die Geschichte der Wallfahrt auf dem heiligen Berg Niederbayerns, dem Bogenberg.
- **Pfarr- und Wallfahrtskirche Mariä Himmelfahrt** auf dem Bogenberg. Entstanden aus einer Orts- und Eigenkirche der Grafen von Bogen, entwickelte sich im 12. und 13. Jh. neben der Pfarrei Bogen(berg) auch eine Wallfahrt zur Heiligen Maria.
- **E-Bike-Verleih**, Straubinger Str. 4, ✆ 8593285

Die Stadt Bogen, Wiege der weißblauen Rauten, malerisch eingebettet zwischen dem Bogenberg und der Donau, ist die Eingangspforte zum Bayerischen Wald. 1184 heiratete Graf Albert III. von Bogen Gräfin Ludmilla – eine Tochter Herzog Friedrichs von Böhmen. Nach dem Tod des Grafen schloss Gräfin Ludmilla 1204 mit dem Wittelsbacher Herzog Ludwig I. die Ehe. Durch diese Heirat kamen 1242 die Grafschaft und die Bogener Rauten in den Besitz der Wittelsbacher und sind heute Bestandteil des Bayerischen Staatswappens.

Die Wallfahrtskirche auf dem Bogenberg, dem „heiligen Berg Niederbayerns", die ehemalige Klosterkirche in Oberalteich sowie die zahlreichen Kultur- und Brauchtumsveranstaltungen sind Anziehungs- und Treffpunkt im abwechslungsreichen Bogener Stadtleben.

Auf der **Deggendorfer Straße** Bogen verlassen ↝ am Fuße des Bogenberges verläuft ein eigener Radweg bis Pfelling neben der Hauptstraße.

VARIANTE: In Hofweinzier können Sie die Uferseite wechseln und über Irlbach, Loh und Stephansposching fahren. Dieser Wechsel lohnt sich, um die Rokoko-Kirche in Loh einen Besuch abzustatten.

Bei Pfelling endet der Radweg ↝ **9** die Hauptstraße unterqueren.

Pfelling

Die Ortschaft durchfahren ↝ nach Überquerung des Pfellinger Baches bereitet Ihnen der weitere

Pension Schreiber
- 18 ruhige, geräumige moderne Einzel-, Doppel- und Dreibettzimmer mit Dusche, WC, Sat-TV und Telefon, kostenloser Internetzugang
- Parkplatz im Hof • Fahrradunterstellmöglichkeit vorhanden
- Reichhaltiges Frühstücksbuffet

Inh. Peter Hornauer
Stadtplatz 23 • 94327 Bogen
Tel.: 09422/806993 • Fax: 09422/806994
www.pension-schreiber.com • pension-schreiber@t-online.de

Zum Donauufer ★★★
Wirtshaus - Pension - Biergarten
- Gemütliche Zimmer
- Fahrradgarage
- Direkt an der Donau

bett+bike adfc

Fam. Fleischmann
Pfelling 23 • 94327 Bogen • Tel.: 09422 / 2306
www.zumdonauufer.de • info@zumdonauufer.de

Verlauf der Route keine Probleme ~ Sie folgen immer dem Verlauf der Donau.

Mariaposching

AUSFLUG In Mariaposching haben Sie die Möglichkeit, mit der Fähre auf die andere Seite der Donau zu gelangen, um die Rokokokirche in Loh zu besuchen.

10 Die Route folgt der St 2125 ~ unter der A 3 hindurch.

Metten

- **Verkehrsamt**, Krankenhausstr. 22, ✆ 0991/998050
- **Benediktinerabtei Metten**, Führungen: Mo–Fr 10 und 15 Uhr, So 15 Uhr. Das 766 gegründete Kloster wurde um 1726 mit einer prächtigen Bibliothek ausgestattet, die rund 200.000 Bände umfasst. Die Klosterkirche mit der Doppelturmfassade stammt aus der Zeit von 1712–29.

Am Donaufer entlang bis kurz vor Deggendorf ~ unter der Eisenbahn hindurch ~ bei der nächsten Gelegenheit die Gleise links überqueren ~ weiter entlang der Bahngleise ~ **11** unter der Autobahn hindurch und weiter parallel der Gleise fahren ~ links in die **Edlmairstraße** ~ danach rechts der **Hans-Krämer-Straße** bis zur geregelten Kreuzung folgen ~ durch die Untere Vorstadt ~ durch das Stadttor ~ über den **Pferdemarkt** erreichen Sie den langgezogenen **Luitpoldplatz**.

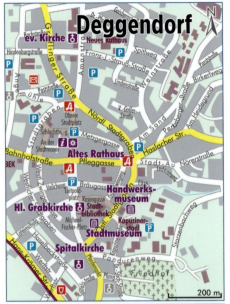

Weit ins Mittelalter zurück reicht der „birnenförmige" Stadtgrundriss der Stadt Deggendorf. Mitten hindurch zieht sich der breite Straßenmarkt und wiederum in dessen Mitte finden Sie das Alte Rathaus mit seinem mächtigen gotischen Turm. Das Rathaus schmückt sich mit dem bayerischen Wappen und dem Stadtwappen aus der Erbauungszeit, mit Fabeltieren und Fratzenköpfen sowie mit den beiden durch Ketten verbundenen Steinkugeln, wohl ein mittelalterliches Strafinstrument, die sogenannten Schandkugeln. Dieses Motiv hat wahrscheinlich unter anderem zur Deggendorfer Knödelsage beigetragen, nach der die Bürgermeistersfrau mit einem eben zubereiteten Knödel die böhmischen Feinde, die gerade die Stadt belagerten, in die Flucht schlagen konnte. Der Volksmund nannte diese Schandkugeln auch „Mehlspeis zum Umhängen".

Neben dem Rathaus gehören auch die beiden großen Stadtpfarrkirchen Mariä Himmelfahrt und die Grabkirche zu den Deggendorfer Wahrzeichen.

Deggendorf

PLZ: 94469; Vorwahl: 0991

- **Touristinformation**, Oberer Stadtpl. 1, ✆ 2960535, www.deggendorf.de
- **Schiffmeisterhaus „Info Hafen"**, Schiffmeisterweg 10, ✆ 25040. Das rund 400 Jahre alte Wohnhaus wird seit 2008 als Informations- und Ausstellungsraum genutzt. Vor allem zu den Themen Wasser, Umwelt und Gesundheit können Sie hier Interessantes entdecken.
- **Schiffsanlegestelle**, Deggendorf-Passau, 29. Mai-02. Okt., Do, Sa, ✆ 0851/929292
- **Stadtmuseum**, Östl. Stadtgraben 28, ✆ 2960555, ÖZ: Di-Sa 10-16 Uhr, So 10-17 Uhr. Dargestellt wird die kulturelle, wirtschaftliche und soziale Entwicklung der Stadt und der Region.
- **Handwerksmuseum**, Maria-Ward-Pl. 1, ✆ 2960555, ÖZ: Di-Sa 10-16 Uhr, So 10-17 Uhr. Kulturgeschichte des regionalen Handwerks.
- **Heilig-Grab-Kirche** (1338). Der barocke Kirchturm stammt aus den Jahren 1722-27.
- **Pfarrkirche Mariä Himmelfahrt**. Die ab 1655 errichtete Kirche gilt als Urpfarrei für Deggendorf.
- **Altes Rathaus**. 1535 errichteter Bau mit hohen Stufengiebeln und dem markanten Rathausturm.
- **Fahrradshop Kowatsch**, Untere Vorstadt 10, ✆ 2809389
- **Zweirad-Salmannsberger**, Pferdemarkt 18, ✆ 30440
- **Fahrradboxen**, Neusiedler Straße, beim Parkhaus Stadthalle, ✆ 2960535

Direkt am Donau-Radweg - mitten im Zentrum - dennoch ruhig

Hotel Höttl Gasthof

Komplett renoviert, Zimmer mit WC, Dusche, TV, Sky in allen Zimmern, Telefon, Fön, Radio, kostenlose Fahrradgarage und W-Lan im ganzen Haus.

Luitpoldplatz 22 • 94469 Deggendorf • Tel.: 0991/371 996 0
Fax 0991/371 996 199 • www.hoettl.de

Von Deggendorf nach Vilshofen an der Donau 32 km

Auf dem Radweg entlang der **Hengersberger Straße** Deggendorf verlassen ~ beim Ortsendeschild von Deggendorf zweigt die Route rechts ab ~ auf asphaltierten Wegen gemütlich Niederalteich entgegenrollen ~ davor zur Linken eine herrliche Landschaft mit Schotterteichen, in denen das Baden gestattet ist ~ **12** in Niederalteich führt rechts ein unbefestigter Weg zur Radlerfähre, nach links kommen Sie ins Ortszentrum.

Niederalteich
PLZ: 94557; Vorwahl: 09901
- Gemeindeverwaltung, Guntherweg 3, ✆ 9353-0
- Fuß- und Radwanderfähre Altaha, ✆ 9353-0, Fährzeiten: Mai-Okt., Mo-Fr 10-18 Uhr, Sa, So/Fei 9-18 Uhr
- Flugzeugmuseum Gerhard Neumann, Hengersberger Str. 5, ✆ 20270, ÖZ: n. tel. V.

Deggendorf

Benediktinerabtei Niederaltaich, 731 gegründetes Kloster, die Klosterkirche ist eine der frühesten gotischen Hallenkirchen und wurde 1718 barockisiert.

731 gründete der bayrische Herzog Odilo das Benediktinerkloster Niederaltaich. In späteren Jahrhunderten stand das Kloster insgesamt dreizehnmal in Flammen. Das Außenportal zeugt von der gotischen Vergangenheit, das Innere ist ganz im Barock gehalten. Hier wurde um 740 das berühmte bayrische Volksrecht, die „Lex Baiuvariorum", verfasst.

VARIANTE: Zwischen Niederalteich und Vilshofen können Sie beide Ufer benutzen. Die Radroute ist beidseits der Donau ausgeschildert.

Am linken Ufer 22 km

In Niederalteich auf dem **Hinterdammweg** bleiben ~ **13** nach rund 4 km auf einem asphaltierten Weg links vom Ufer abzweigen ~ die Hauptstraße unterqueren ~ an der Vorfahrtsstraße, der **Passauer Straße**, rechts in den Ort Winzer.

Winzer
PLZ: 94577; Vorwahl: 09901
- Tourist-Information, Schwanenkirchener Str. 2, ✆ 93570

Die Ortschaft durchfahren ~ kurz vor Ortsende weiter auf dem rechtsseitigen Radweg bis Loh.

Loh

14 Im Ort rechts abzweigen ~ nach ca. 100 m links und parallel zur Hauptstraße weiter ~ geradeaus über eine Kreuzung wieder näher zur Hauptstraße hin ~ an der T-Kreuzung bei Mitterndorf rechts ~ um die Häuser von **Gries** herum in die Felder hinaus ~ am Badesee vorbei ~ in **Sattling** vor der Hauptstraße rechts halten ~ entlang des Bachdammes steuern Sie das Donauufer

an ~ vor dem Ufer links und dann in einem Rechtsbogen weiter ~ auf der Donaulände nach Hofkirchen.

Hofkirchen
PLZ: 94544; Vorwahl: 08545

- **Tourist-Information**, Rathausstr. 1, ✆ 97180
- **Pfarrkirche Maria Himmelfahrt**, um 1510 in heutiger Form erbaut, auch Dom des Donautales genannt
- **Kreuzbergkapelle**, zu Ehren der Schmerzhaften Muttergottes errichtet
- **Kriegsgräberstätte**, 2.747 Gefallene der beiden Weltkriege wurden hier vom Volksbund Deutsche Kriegsgräberfürsorge zur

Gasthof Buchner

Traditionsreicher Gasthof mit modernen Gästezimmern mit Bad bzw. Dusche/WC, Sat-TV u. Internetzugang, Angebot auch für Kurzaufenthalte. Unterstellmöglichkeit für Fahrräder

Von der Süddeutschen Zeitung als Ausflugstipp empfohlen!

Reisen mit Insider Tipps (Marco Polo Deutschland)

Kaiserstraße 14, 94544 Hofkirchen
am Donau-Radweg links der Donau
Tel. 08545/911033, Fax 911034
service@gasthofbuchner.de • www.gasthofbuchner.de

letzten Ruhe gebettet. Die Gedenkstätte ist ganzjährig für Besucher geöffnet.

✱ **Bienenlehrpfad**

✉ beheiztes **Freibad**, ✆ 313

Erstmals urkundlich erwähnt im Jahre 1005, wurde Hofkirchen 1387 von Herzog Albrecht dem Jüngeren zum Markt erhoben. Bis zur Mitte des 19. Jahrhunderts war der Ort Hauptanlegeplatz für den Floßverkehr und die alten Schiffszüge. Am 18.10.1745 übernachtete Kaiser Franz Stephan I. in Hofkirchen auf der Fahrt mit seinem Prunkschiff von seiner Kaiserkrönung in Frankfurt nach Wien, im heutigen Gasthof Buchner.

Das Durchbruchstal der Donau zwischen Hofkirchen und Aschach zählt zu den markantesten Flusslandschaften Mitteleuropas.

15 Von der **Donaulände** links in die Straße **Marktplatz** ⤳ rechts auf die **Vilshofener Straße** ⤳ auf dem Radweg aus Hofkirchen hinaus ⤳ nach dem Sportplatz rechts Richtung Unterschöllnach ⤳ vor der Kläranlage links ⤳ nach der Brücke rechts ⤳ weiter dem gut ausgebauten Radweg bis Vilshofen folgen.

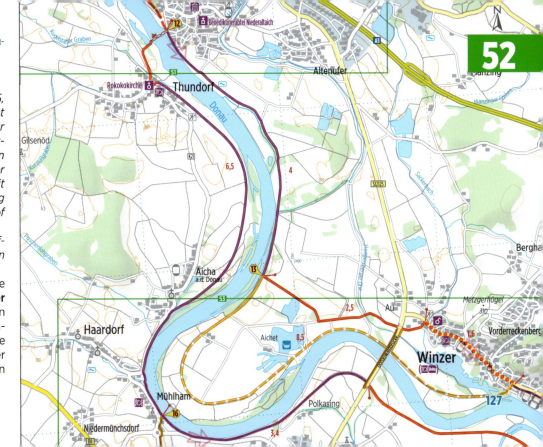

Vilshofen an der Donau   s. S. 130

Am rechten Ufer   *28 km*

Auf das Südufer übergesetzt stoßen Sie auf das Ende des Isar-Radweges.

Thundorf

Bei der Rokokokirche in Thundorf links ~ gleich hinter einem Gerinne zum Damm hin ~ an **Aicha** vorbei auf dem hier befestigten Radweg weiter bis Haardorf.

Unterwegs durch den Gäuboden

Haardorf

Am Dammweg entlang der Donau bis zum 16 Ortsende von Mühlham.

Mühlham

AUSFLUG Wollen Sie Osterhofen einen Besuch abstatten, halten Sie sich hier rechts zum Kreisverkehr am Ortsende von Mühlham. Von Osterhofen können Sie zur rund 1 km entfernten, berühmten Asam-Basilika in Altenmarkt radeln. Über Künzing gelangen Sie wieder zur Donauradweg-Route.

Osterhofen
PLZ: 94486; Vorwahl: 09932
- **Tourist-Information**, Stadtpl. 13, ✆ 403115
- **Heimatmuseum**, Stadtpl. 15, ✆ 1061, ÖZ: April-Okt., Sa, So 14-17 Uhr.
- **Asam-Basilika**, Altenmarkt-Osterhofen. Die Klosterkirche St Margareta wurde 1726 anstelle einer mittelalterlichen Kirche errichtet.

Auf der Hauptroute führt der Radweg an der Donau entlang nach **Polkasing** ~ nach dem Ort gelangen Sie zur Donau-Wald-Brücke ~ die Route rechts der Donau führt unter der Brücke hindurch ~ kurz nach der Brücke den linken Weg etwa parallel zur Donau wählen ~ 17 vor Schnelldorf an der Gabelung links halten, an der Donau entlang bis Langkünzing.

Vilshofen an der Donau

Langkünzing

Am Ortsende von Langkünzing der Straße Richtung Künzing nach links folgen ~ an der Bundesstraße links.

Künzing
PLZ: 94550; Vorwahl: 08549
- **Museum Quintana**, Osterhofener Str. 2, ✆ 973112, ÖZ: Di-So 10-17 Uhr. Hier können Sie von der Jungsteinzeit über die Römerzeit bis zur Spätantike 7.000 Jahre Besiedlungsgeschichte erfahren.

Dem begleitenden Radweg zur Bundesstraße nach Pleinting folgen ~ nach den ersten Häusern rechts ~ am Bad vorbei Richtung Ortsmitte.

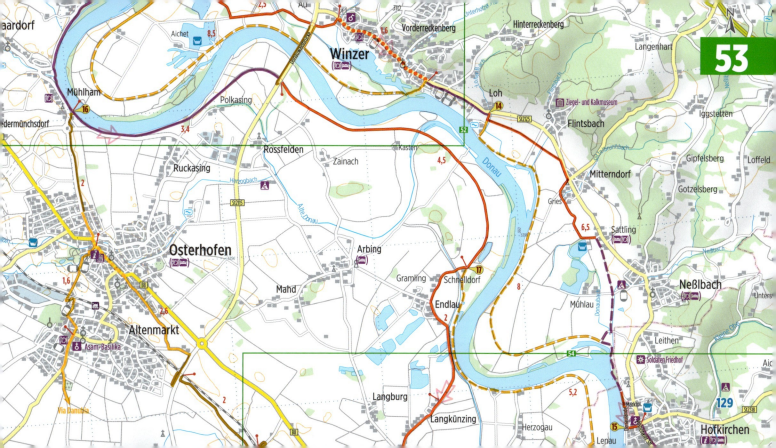

Bayerisches Donautal & Klosterwinkel

Zentrale Auskunftsstelle
Stadtplatz 27 • 94474 Vilshofen an der Donau
Tel: +49 (0)8541 / 208 112 • Fax: 208 190
info@donautal-klosterwinkel.de

Pleinting
Auf der Ortsstraße Pleinting durchfahren 18 vor der Umgehungsstraße rechts abzweigen durch die Unterführung und danach links entlang der Eisenbahn die letzten rund 5 km nach Vilshofen zurücklegen.

Vilshofen an der Donau
PLZ: 94474; Vorwahl: 08541

- **Tourist-Information**, Stadtpl. 27, ✆ 208112, www.vilshofen.de
- **Stadtgalerie im Stadtturm**, ÖZ: Di-So 14-17 Uhr. In der Galerie finden ständig wechselnde Ausstellungen zeitgenössischer Künstler statt.
- **Rathausgalerie**, Stadtpl. 27, ✆ 208-108
- **Afrika-Museum im Kloster Schweiklberg**, ✆ 209-0, ÖZ: tägl. 13.30-17 Uhr.
- **Stadtpfarrkirche Johannes Baptiste**. Der im 13./14. Jh. errichtete gotische Kirchenbau wurde 1803 spätbarockisiert.
- **St.-Barbara-Kirche**. Die spätgotische Kirche beherbergt einen sehenswerten Rokokoaltar aus dem Jahre 1750.
- **Wallfahrtskirche Maria-Hilf**. Der Kuppelbau in Form eines griechischen Kreuzes stammt aus dem Jahre 1692.
- **Rathaus**. Der viergeschossige Bau entstand im 16. Jh.
- **Kunst im öffentlichen Raum**. Inmitten der historischen Altstadt sind Skulpturen niederbayerischer, oberpfälzischer und österreichischer Künstler zu bewundern.
- **Stadtturm**. In seiner heutigen Gestalt 1643-47 errichtetes Wahrzeichen der Stadt.
- **Zweirad Würdinger**, Kapuzinerstr. 107, ✆ 910710
- **Ladestation**, Am Bootshafen 1, ✆ 208-112

Von Vilshofen nach Passau   23,5 km
Vom **Warbachweg** kommend am Wendeplatz halb rechts in den schmalen Weg zur **Hördterbergstraße** und an dieser links unter der Bahnbrücke hindurch und im Kreisverkehr rechts in die **Kapuzinerstraße** 19 an der Ampel links in die Straße **Obere Vorstadt** und über die Donaubrücke am Nordufer rechts

Pension Sagerer
Alte Fischergasse 4 94474 Vilshofen an der Donau
Tel. 08541 / 7779 • Fax 9179003
peter-sagerer@t-online.de www.pension-sagerer.de
Unsere Pension liegt in der Stadtmitte Vilshofens direkt am Donauradweg. Wir bieten komfortable EZ, DZ mit Dusche/WC, Frühstücksbuffet, preisgünstige Mehrbettzimmer für Familien bzw. kl. Gruppen, kostenloser Fahrradraum.
gratis WLAN
Wir sind ein vom ADFC empfohlener Betrieb

Hotel Bairischer Hof
Vilsvorstadt 29
D-94474 Vilshofen
Telefon: 08541-5065
Fax: 08541-6972
bairischer-hof@t-online.de
www.bairischer-hof-vilshofen.de

Vilshofen

auf den straßenbegleitenden Radweg an der **St 2125** ~ Linksbogen und für rund 300 m wieder näher zur St 2125 ~ an der Kirche vorbei und links in die **Uferstraße**.

Windorf

PLZ: 94575; Vorwahl: 08541

🛈 **Tourist-Information**, Marktplatz 23, ☎ 962640

🚲 **Bike & More**, Marktpl 12, ☎ 0175/3664702

Über den Perlbach und **20** wieder links ~ weiter am Radweg **21** nach rund 7 km auf dem befestigten Radweg nach rechts in den unbefestigten Fuß- und Radweg ~ gut 5 km sind Sie nun sozusagen „per Du" mit der Donau ~ nach der Unterquerung der Autobahn führt eine Unterführung auf die linke Seite der Hauptstraße ~ weiter auf dem linksseitigen Radweg bei nächster Gelegenheit links auf die ruhige **Kachletstraße** ausweichen ~ nach den Häusern von **Wörth** verläuft weiterhin ein Radweg links der Straße ~ bei **Maierhof** auf die rechte Straßenseite wechseln ~ vor der Eisenbahnbrücke rechts ~ am **Kachletwerk** vorüber ~ **22** über die Brücke ans andere Ufer ~ hier links auf dem Radweg parallel zur Donau ~ unter der Eisenbahn- und der mächtigen Franz-Josef-Strauß-Brücke hindurch ~ danach auf dem rechtsseitigen Radweg der **Regensburger Straße** direkt ins Zentrum der Dreiflüssestadt.

> **AUSSTIEG** Wollen Sie gleich zum Bahnhof, so zweigen Sie 2,5 km hinter der Brücke nach rechts in die Bahnhofstraße ein.

Passau

PLZ: 94032-36; Vorwahl: 0851

🛈 **Tourist-Information**, Bahnhofstr. 28, ☎ 955980, www.passau.de

🛈 **Tourist-Information**, Rathauspl. 3, ☎ 955980

⛴ **Donauschifffahrt Wurm + Köck**, Höllg. 26, ☎ 929292, „Dreiflüsse"-Stadtrundfahrten: März-Anf. Nov., tägl., Ausflugsfahrten ins oberösterreichische Donautal nach Engelhartszell, Schlögen und Linz: April/Mai-Okt., tägl.

🏛 **OberhausMuseum**, in der Veste Oberhaus, ☎ 493350, ÖZ: Mitte März-Mitte Nov., Mo-Fr 9-17 Uhr, Sa, So/Fei 10-18 Uhr. Historisches Stadtmuseum mit Exponaten zur Stadtgeschichte, Böhmerwaldmuseum, Feuerwehrmuseum u. a. sowie Aussichtsturm. Pendelbus ab Rathaus: Mo-Fr 10-17 Uhr, Sa, So/Fei 10-18 Uhr alle 30 Min.

🏛 **Glasmuseum Passau**, Hotel Wilder Mann, Am Rathausplatz, ☎ 35071, ÖZ: tägl. 9-18 Uhr. 13.000 Exponate vermitteln einen umfassenden Überblick über europäisches Glas von 1650 bis 1950.

🏛 **Domschatz- und Diözesanmuseum**, Residenzpl. 8, ☎ 393-3336, ÖZ: Mai-Okt., Mo-Sa 10-16 Uhr. Wertvolle Exponate zeugen von

Wirtshaus - Pension "Goldenes-Schiff"
Unterer Sand 8
94032 Passau
Tel.0851/34407
www.goldenes-schiff.de
goldenes-schiff@web.de

historisches Stadthaus unterhalb des Doms gelegen, 5 Minuten vom Radwanderweg; romantischer Biergarten und Terrasse, gute Küche, Fahrradkeller
EZ 50.- €,
DZ 60-80 €,
Familienz. 90-120 €,
incl. Frühst.
mit hausgem.
Marmelade

der Geschichte des einst größten Bistums im Heiligen Römischen Reich.

🏛 **RömerMuseum Kastell Boiotro**, Innstadt-Ledererg. 43, ☏ 34769, ÖZ: März-Mitte Nov., Di-So 10-16 Uhr. Neben freigelegten Kastellfundamenten sind archäologische Funde aus Passau und Umgebung zu sehen.

🏛 **Museum Moderner Kunst**, Bräug. 17, ☏ 3838790, ÖZ: ganzjährig Di-So 10-18 Uhr. In einem der schönsten Altstadthäuser finden wechselnde internationale Ausstellungen mit Kunst des 20. Jhs. statt.

🏰 **Veste Oberhaus**, Georgsberg. 1219 errichtete ehemaligen Trutzburg der Passauer Fürstbischöfe. Heute im Besitz der Stadt Passau.

🏰 **Die Veste Niederhaus**, über der Ilzmündung, dem Oberhaus vorgelagert wurde sie vermutlich im 14. Jh. errichtet. Im 17. Jh. diente sie als Gefängnis, später als Arbeitshaus. Heute befindet sie sich in Privatbesitz.

⛪ **Dom St. Stephan**. Seine Wurzeln gehen auf das Frühmittelalter zurück. Die heutige, barocke Gestalt erhielt der Dom, als er nach dem verheerenden Stadtbrand von 1662 unter Einbeziehung des gotischen Ostteils von italienischen Baumeistern wieder aufgebaut wurde. Das Basilika-Langhaus stellt den größten italienisch-barocken Kirchenraum nördlich der Alpen dar. Der Dom beherbergt die größte Domorgel der Welt mit 17.974 Pfeifen, 233 Registern und 4 Glockenspielen. Orgelkonzerte: 2. Mai-31. Okt., Mo-Sa 12 Uhr

⛪ **Kloster Niedernburg**, Altstadt. In dem um 730 gegründeten und bis 2013 betriebenen Kloster befindet sich das Grab der Seligen Gisela, die 1045 als Ungarnkönigin der Benediktinerabtei beitrat

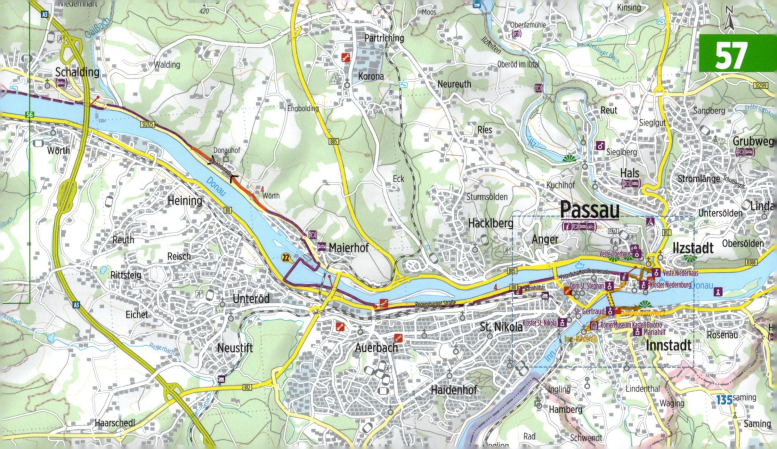

und um 1065 verstarb. Außerdem wurden hier rund 800 Jahre alte romanische Fresken entdeckt, die zu den bedeutendsten im südostbayerischen Raum gehören.

- **Stadttheater**, Gottfried-Schäffer-Str. 2-4. Das ehemalige fürstbischöfliche Opernhaus von 1783 ist heute der einzige erhaltene frühklassizistische Theaterbau Bayerns.
- **Neue Residenz**, Residenzplatz, erbaut von 1712-1730 im Stil des Wiener Spätbarock, um 1768 Ausgestaltung der Innenräume mit Stuckaturen im Rokoko-Stil, 1770 Schaffung der spätbarocken, frühklassizistischen Fassade.
- **Universität und Universitätskirche St. Nikola**, mit Krypta aus dem 11. Jh.
- **Rathaus**, Rathausplatz, ÖZ: 28. März-8. Nov., 25. Nov.-6. Jan. tägl. 10-16 Uhr. Im Rathaus befinden sich zwei repräsentative Säle im Barockstil mit Kolossalgemälden aus dem 19. Jh. Glockenspiel im Rathausturm: Mo-So 10.30, 14 und 18.30 Uhr, Sa auch 15.30 Uhr.
- **Dreiflüsseeck**, Zusammenfluss von Inn, Donau und Ilz
- **Rent a Bike**, BIKEHAUS, Bahnhofstr.29, ✆ 9662570, ÖZ: März-Okt., tägl. 9-13 Uhr und 14-18 Uhr
- **Fahrrad-Klinik Passau**, Bräug. 10, ✆ 33411
- **Fahrrad-Laden Passau**, Wittg. 9, ✆ 72226
- **Denk bike + outdoor**, Ludwigstr. 22, ✆ 31450
- **Fahrradtresor**, Bahnhofstr. 33, ✆ 34784

Die Dreiflüssestadt Passau wird nicht umsonst als eine der schönsten Städte Deutschlands

Passau, Dom St. Stephan

bezeichnet. Drei Flüsse aus drei Himmelsrichtungen – aus dem Westen die Donau, dem Süden der Inn und dem Norden die Ilz – machen die Landschaft am Dreiflüsseeck tatsächlich zu einer einzigartigen Schönheit. Passau kann auch auf eine mehr als 2000-jährige Geschichte zurückblicken. Die frühesten Funde stammen aus der Mittel- und Jungsteinzeit. 100 v. Chr. von den Kelten besiedelt, ist Passau ab Mitte des 1. Jh. n. Chr. über 400 Jahre römische Provinzstadt mit zwei Grenzkastellen. Vom spätantiken „Batavis" in der Altstadt leitet sich der heutige Name Passau ab. Das zweite Grenzkastell „Boiotro" in der Innstadt ist eng verbunden mit dem Hl. Severin, der hier um 460 ein kleines Kloster errichten ließ. Mit der Errichtung eines Bischofssitzes im Jahre 739 entwickelte sich das städtische Leben in Passau. Das Großbistum Passau erstreckte sich ab dem 10. Jh. über Linz und Wien bis zur ungarischen Grenze. 999 wurde die weltliche Herrschaft über die Stadt vom Kaiser auf den Bischof übertragen und ab 1217 fungierten die Bischöfe als Regenten eines selbstständigen, kleinen Fürstentums Passau, das bis 1803 Bestand hatte, ehe es zurück an Bayern fiel.

Der Dom St. Stephan wurde immer wieder verändert, so etwa im 13. Jh., als ein Neubau des nach einem Stadtbrand 1181 immer weiter verfallenden Doms begonnen wurde. Ein weiterer Stadtbrand 1662, der nicht nur große Teile der Stadt, sondern erneut den Dom zerstörte, führte zu weiteren einschneidenden Veränderungen. Da aus Kostengründen ein Neubau nicht möglich war, verband der italienische Baumeister Carlo Lurago den Chor und das Querhaus der Spätgotik mit einem neuen barocken Langhaus. Der Dom beherbergt den größten barocken Innenraum nördlich der Alpen – und die größte Domorgel der Welt. Vom Hauptspieltisch können alle fünf Orgeln zum Klingen gebracht werden. Dem Dom gegenüber ist mit dem „Passauer Tölpel" ein scherzhaftes Wahrzeichen der Stadt angebracht. Es wird vermutet, dass es sich dabei um den Kopf einer Figur handelt, die beim Stadtbrand von 1662 vom Südturm des Domes stürzte.

Rechts vom Dreiflüsseeck liegt die Innstadt mit der Wallfahrtskirche Mariahilf, links zeigt sich die Ilzstadt mit der vorgelagerten Veste Niederhaus. Von der Veste Oberhaus bietet sich ein atemberaubender Ausblick auf die Stadt.

ANSCHLUSS In Passau haben Sie die Möglichkeit, Ihre Radtour entlang der Donau fortzusetzen – wenn Sie möchten, bis ans Schwarze Meer. Außerdem kreuzt hier der Inn-Radweg den Donau-Radweg und der Tauern-Radweg endet in Passau.

Sie haben nun das Ende Ihrer Radreise erreicht. Wir hoffen, Sie hatten einen erlebnisreichen und interessanten Radurlaub und freuen uns, dass Sie ein *bikeline*-Radtourenbuch als Begleiter gewählt haben.

Das gesamte *bikeline*-Team wünscht Ihnen eine gute Heimreise!

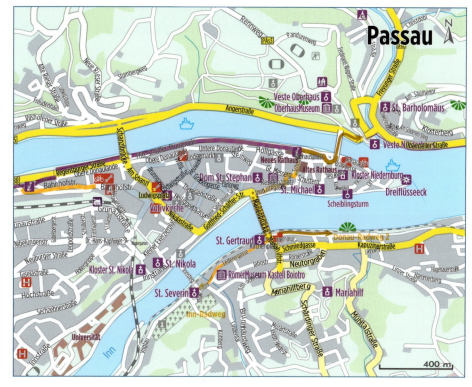

Übernachtungsverzeichnis

Dieses Verzeichnis beinhaltet folgende Übernachtungskategorien:

- H Hotel
- Hg Hotel garni
- Gh Gasthof, Gasthaus
- P Pension, Gästehaus
- Pz Privatzimmer
- Ho Hostel
- NF Naturfreundehaus
- AH Apartmenthotel
- BB Bed and Breakfast
- B Bungalow
- Fw Ferienwohnung (Auswahl)
- Bh Bauernhof
- Hh Heuhotel
- X Sonstiges
- Jugendherberge, -gästehaus
- Campingplatz
- Zeltplatz (Naturlagerplatz)

Alle mit dem Bett+Bike-Logo gekennzeichneten Betriebe erfüllen die vom ADFC vorgeschriebenen Mindestkriterien als „Fahrradfreundliche Gastbetriebe" und bieten darüber hinaus so manche Annehmlichkeit für Radfahrer. Detaillierte Informationen finden Sie unter www.bettundbike.de.

Die Auflistung erhebt keinen Anspruch auf Vollständigkeit und stellt keine Empfehlung der einzelnen Betriebe dar.

Die römische Zahl (I-VI) nach der Telefonnummer gibt die Preisgruppe des betreffenden Betriebes an. Wir möchten Sie jedoch darauf hinweisen, dass die angegebenen Preiskategorien dem Stand des Erhebungs- bzw. Überarbeitungszeitraumes entsprechen und sich von den tatsächlichen Preisen unterscheiden können.

Besonders während Messezeiten, aufgrund von unterschiedlichen Zimmertypen und nicht zuletzt saisonal bedingt sind preisliche Schwankungen möglich.

Folgende Unterteilung liegt der Zuordnung zugrunde:

- I unter € 25,-
- II € 25,- bis € 35,-
- III € 35,- bis € 50,-
- IV € 50,- bis € 70,-
- V € 70,- bis € 100,-
- VI über € 100,-

Die Preisgruppen beziehen sich auf den Preis pro Person in einem Doppelzimmer mit Dusche oder Bad inkl. Frühstück. Übernachtungsbetriebe mit Zimmern ohne Bad oder Dusche, aber mit Etagenbad, sind durch das Symbol nach der Preisgruppe gekennzeichnet. Fahrradfreundliche Bett+Bike-Betriebe sind mit dem Symbol gekennzeichnet.

Da wir das Verzeichnis stets aktuell halten, sind wir für Mitteilungen bezüglich Änderungen jeder Art dankbar. Der einfache Eintrag erfolgt für Betriebe natürlich kostenfrei, aus Platzgründen können wir diesen allerdings nicht garantieren. Die aktuellste Version des Übernachtungsverzeichnisses erhalten Sie über das LiveUpdate auf www.esterbauer.com.

Donaueschingen

Vorwahl: 0771

- Tourist-Information, Karlstr. 58, ☎ 857221
- **H Concorde**, Dürrheimer Str. 82, ☎ 83630, III
- H Linde, Karlstr. 18, ☎ 83180, IV
- H Waldblick, Am Hinteren Berg 7, ☎ 832520, III
- H Wyndham Garden Donaueschingen, Hagelrainstr. 17, ☎ 8986440, IV
- H Zum Hirschen, Herdstr. 5, ☎ 8985580, III
- Gh Adler, Bregstr. 3, ☎ 2401, II-III
- Gh Jägerhaus, Buchberg 37, ☎ 7346, II
- **P Ziegelhof**, Dürrheimer Str. 65, ☎ 3373, II
- Pz Schuhmann, Holzsteigweg 31/33, ☎ 5999, 0171/2621895, II

Allmendshofen (Donaueschingen)
Vorwahl: 0771

- H Flair Hotel Grüner Baum, Friedrich-Ebert-Str. 59, ☎ 80910, III

Pfohren (Donaueschingen)
Vorwahl: 0771

- Riedsee-Camping, Am Riedsee 11, ☎ 5511

Neudingen (Donaueschingen)
Vorwahl: 0771

- Gh Linde, Längerstr. 9, ☎ 61853, II

Gutmadingen (Geisingen)
Vorwahl: 07704

- Pz Bensel, Alemannstr. 20, ☎ 6972, I
- Pz Draxler, Schulstr. 17, ☎ 484, I
- Pz Schmid, Alemannstr. 26, ☎ 6747, 0172/7642137, I
- Fw Stahnke, Waldstr. 17, ☎ 6865

Geisingen
Vorwahl: 07704

- Rathaus, Hauptstr. 36, ☎ 807-0
- Gh Hecht, Hauptstr. 41, ☎ 281, III
- P Jasmin, Schlossstr. 29, ☎ 6097, II
- **P arena gästehaus, Nikolasstr. 1**, ☎ 9233980, II
- Pz Alternatives Gästehäuschen mit Garten, Hauptstr. 11, ☎ 922127, 0171/4968762, o.F., I
- Pz Frey, Karl-Wacker-Str. 1, ☎ 6953, o.F., I
- Fw Rudigier, Am Kalkofen4, ☎ 6742, 0160/97815621

Kirchen-Hausen (Geisingen)
Vorwahl: 07704

- H Sternen, Ringstr. 1-4, ☎ 8039, 803500, III
- Gh Mond, Aitrachtalstr. 17, ☎ 80090, II
- Pz Gotthardt/Limbach, Gauertstr. 4, ☎ 9239981, o.F., I
- **Pz Wagenpark zur Donau**, Münsterg. 2, ☎ 360, 0162/4544991, I
- Pz Weber, Auf Hochstetten 19, ☎ 1342, I
- Pz Wittenberg, Im Ried 1, ☎ 8620, 0160/97317667, o.F., I

Zimmern (Immendingen)
Vorwahl: 07462

- Pz Café Waldhorn, Hornensteigstr. 1, ☎ 1284, II

Immendingen
Vorwahl: 07462

CONCORDE HOTEL AM FLUGPLATZ

HOTEL & RESTAURANT AM DONAURADWEG

Hotel Concorde
Dürrheimer Straße · 78166 Donaueschingen
Tel 07 71 / 83 63 - 0 Fax 07 71 / 83 63 - 120
info@concorde-donau.de · www.concorde-donau.de
facebook.com/ConcordeDonau

Pension Ziegelhof
78166 Donaueschingen • Dürrheimer Str. 65
info@pension-ziegelhof.de
www.pension-ziegelhof.de
Tel.: 0771/3273

Unsere Pension liegt ca. 2,5 km vom Zentrum der Stadt entfernt. Zimmer mit Du/WC und TV. Einzel- und Doppelzimmer sowie 3 Ferienwohnungen vorhanden. Preis pro Person mit Frühstück ab € 29,-

---

arena-geisingen Gästehaus

in renoviertem Altbau (Mehrbettzimmer, Aufenthaltsraum mit TV, Küche für Selbstversorger - Frühstück und Abendessen buchbar) abschließbare Abstellmöglichkeit für Fahrräder ☎ 07704-92 33 98 0

Mühltorgasse 1 · 78187 Geisingen
www.arena-geisingen.de

Die "andere" Übernachtung im Holzwagen
Mail: waldisma@t-online.de
Internet: www.wagenpark-zur-donau.de

Familie Jurischitz
Münstergasse 2
78187 Kirchen-Hausen
Tel. 07704/360 o. 0162/4544991

Übernachtungsverzeichnis Tuttlingen - Beuron

ℹ️ Tourist-Information, Schlosspl. 2, ✆ 24218
Gh Landgasthof „Kreuz", Donaustr. 1, ✆ 923111, II
P Panda, Hindenburgstr. 9, ✆ 923438, II
Pz Böhler, Kastanienweg 10, ✆ 1226, I

Möhringen (Tuttlingen)
Vorwahl: 07462
ℹ️ Tourist-Info, Hermann-Leiber-Str. 4, ✆ 94820
Gh Zum Löwen, Mittlere G. 4, ✆ 6277, II
P Donau-Pension, Esslingerstr. 12, ✆ 269191, II
P La Cascina, Schwarzwaldstr. 33, ✆ 269287, 0151/15254928, II
Pz Waibel, Gihrsteinstr. 8, ✆ 6321, II
NF NFH Donauversickerung, Konzenbergstr. 1, ✆ 91323, II
AH B&B, Schwarzwaldstr. 18, ✆ 269316, II

Möhringen Vorstadt (Tuttlingen)
Vorwahl: 07461
P Classica, Grünenbergstr. 31, ✆ 4284, II

Tuttlingen
Vorwahl: 07461
ℹ️ Tourist-Info, Rathausstr. 1, ✆ 99340
H Landhotel Hühnerhof, Äußerer Talhof 2, ✆ 96550, III-IV
H Légère Hotel Tuttlingen, Königstr. 25, ✆ 96160, 9616410, III-V
H Ritter, Königstr. 12, ✆ 966330, II
H Schlack, Bahnhofstr. 53-59, ✆ 9440, II
H Stadt Tuttlingen, Donaustr. 30, ✆ 9300, IV

Hg Rosengarten, Königstr. 17, ✆ 96270, III
Gh Rössle, Honbergstr. 8, ✆ 2913, II
Pz Becker, Albrecht-Dürer-Str. 69, ✆ 9635811, 0172/9091477, I-II

⛺ Zeltplatz im Donaupark, Umläufe 1, ✆ 99340

Wurmlingen
Vorwahl: 07461
H Traube, Untere Hauptstr. 43, ✆ 9380, II
Gh Zum Löwen, Karlstr. 4, ✆ 93300, II

Nendingen (Tuttlingen)
Vorwahl: 07461
Gh Zur Rose, Rosenstr. 14, ✆ 3635, II
P Da Nino, Industriestr. 22/1, ✆ 7705288, 0162/1689745, II

Stetten (Mühlheim an der Donau)
Vorwahl: 07463
Gh Zum Lamm, Rathausstr. 6, ✆ 393, 5453, II

Mühlheim an der Donau
Vorwahl: 07463
ℹ️ Verkehrsamt, Vorderes Schloss, ✆ 8903
H Krone, Tuttlinger Str. 1, ✆ 7043, II
Gh Hirsch, Hauptstr. 6, ✆ 498, II-III
Gh Zur Linde, Bergstr. 16, ✆ 7855, II
P Gästehaus Theresia Garni, Schloß 8, ✆ 5070, II
P Nachtwächter, Hauptstr. 28, ✆ 7725, I
Pz Korb, Zeppelinstr. 19, ✆ 7917, II
Pz Leibinger, Schönenbergstr. 23, ✆ 7399, I

Fridingen an der Donau
Vorwahl: 07463
ℹ️ Verkehrsamt Donau-Heuberg, Kirchpl. 2, ✆ 8370
H Knopfmacher, Knopfmacherfelsen 1, ✆ 1057, II
H Landhaus Donautal, Bergsteig 1, ✆ 469, III
Gh Gasthof Sonne, Bahnhofstr. 22, ✆ 99440, II
Gh Jägerhaus, Im Donautal, ✆ 07466/254, II
Gh Löwen, Mittlere G. 3, ✆ 9942-0, II-III
Pz Perazic, Litschenberg 1, ✆ 7634, I
Pz Sattler, Am Wendelstein 5, ✆ 1325, II

Beuron
Vorwahl: 07466
H Haus Maria Trost, Edith-Stein-Weg 1, ✆ 483, 484, II
H Pelikan, Abteistr. 12, ✆ 406, III

Hotel Rössle

Fahrradfreundlicher Gastbetrieb
nur wenige Meter vom Radweg entfernt
Zimmer mit TV und WiFi
ab € 35,- p.P. mit Frühstück
1 MBZ, 4 DZ & 3 EZ
Kinderermäßigung
Fahrradgarage

Wir freuen uns über Ihren Besuch.

Honbergstrasse 8 • D-78532 Tuttlingen
Tel: 0 74 61 - 29 13
info@hotelroessle.eu • www.hotelroessle.eu

Hotel Gasthaus KRONE
Tuttlinger Str. 1, 78570 Mühlheim
Tel.: 07463/7043

Traditionsreiches Haus direkt am
Torplatz; neu eingerichtete Zimmer.
Gut bürgerliche Küche.
www.gasthaus-krone-muehlheim.de

Hotel Gästehaus Theresia Garni ★★★

Moderne
Fremdenzimmer
DU/WC/TV
Frühstück nach
Wahl
Hauseigener
Fahrradverleih
Garage für
Fahrräder

Siegfried Radzuweit
78570 Mühlheim • Schloss 8 • Tel.: 07463/5070
Fax 5071 • Auto 0172 68 45 150
Gaestehaus_Theresia@web.de
www.Gaestehaus-Theresia.de

HOTEL · RESTAURANT
LANDHAUS DONAUTAL
BERGSTEIG

Wir liegen außerhalb Fridingens in
idyllischer Umgebung. Moderne
Gästezimmer mit Du/WC/TV/Telefon/WLAN

Bergsteig 1, 78567 Fridingen
Tel.: 07463/469, Fax: 07463/5099
www.landhaus-donautal.de

Hotel-Gasthaus SONNE ★★
Fridingen im Donautal

Gartenterrasse und
Radlertreff
Bahnhofstr. 22
78567 Fridingen
Tel. 07463/9944-0; Fax -88
info@sonne-fridingen.de
www.sonne-fridingen.de

Gutbürgerliche, schwäbische Küche
je nach Saison, Wild- u. Fischgerichte,
Fremdenzimmer in jeder Preislage, Garage
für Fahrräder

Pz Haus Schönwalder, Donaustr. 5, ✆ 1294, II

Langenbrunn (Beuron)
Vorwahl: 07579
P Der Talhof, Talhof 2, ✆ 933143, II

Hausen im Tal (Beuron)
Vorwahl: 07579
i Tourist-Information, Kirchstr. 18, ✆ 92100, 9210-0
Gh Bahnhof, Bahnhof 2, ✆ 565, II
Gh Steinhaus, Schwenninger Str. 2, ✆ 9339789, 0160/98043979, II
P Murmeltier, Kirchstr. 9, ✆ 93126, 0172/7649607, I
Pz Küchenhoff, Panoramastr. 13, ✆ 397, I
▲ Camping Wagenburg, Kirchstr. 24, ✆ 559, 0160/8449137

Wildenstein (Leibertingen)
Vorwahl: 07466
Burg Wildenstein, ✆ 411

Neidingen (Beuron)
Vorwahl: 07579
Gh Zur Mühle, Neidinger Str. 47, ✆ 523, III

Thiergarten (Beuron)
Vorwahl: 07570
H Gasthof Berghaus Restaurant, Waldstr. 1, ✆ 951562, II-III
Gh Neumühle, Neumühle 1, ✆ 9590, III-II
P Wolf, Hofstr. 6, ✆ 1443, II
Fw Gutshof Käppeler, Hofstr. 22, ✆ 951910, II-III

Gutenstein (Sigmaringen)
Vorwahl: 07575
H Backpackers-Hotel, Burgfeldenstr. 37-1, ✆ 1221, 0171/5527804, II
Gh Zum Bahnhof, Langenharterstr. 9, ✆ 07570/279, II
Pz Seifried, Burgfeldenstr. 30, ✆ 07570/452, II
Fw Bürkle, Schiffgarten 3, ✆ 07570/1318, 0174/2357904, II
▲ Jugendzeltplatz Aisnau, Burgfeldenstr. 27, ✆ 07570/487

Inzigkofen
Vorwahl: 07571
i Gemeindeverwaltung Inzigkofen, Ziegelweg 2, ✆ 7307-0
P Kreuz, Rathausstr. 15, ✆ 51812, III
Fw Villa Donautal, Reischacherstr. 8, ✆ 682718, III

Dietfurt (Inzigkofen)
Vorwahl: 07571
i Gemeindeverwaltung Inzigkofen, Ziegelweg 2, ✆ 7307-0
Gh Mühle Dietfurt, Burgstr. 10, ✆ 51715, II

Vilsingen (Inzigkofen)
Vorwahl: 07571
i Gemeindeverwaltung Inzigkofen, Ziegelweg 2, ✆ 7307-0
Gh Zoller, Dorfstr. 33, ✆ 51089, II
Fw Donau, Dr.-Josef-Vögtle-Str. 7, ✆ 51669

Sigmaringen
Vorwahl: 07571
i Tourist-Information, Leopoldpl. 4, ✆ 106224
H Gasthof Traube, Fürst-Wilhelm-Str. 19, ✆ 64510, III
Hg Gästehaus Pfefferle, Leopoldstr. 22, ✆ 2448, III
Hg Jägerhof, Wentelstr. 4, ✆ 744990, III
Gh Donau, Donaustr. 1, ✆ 4612, II
P Apartment am Schloss, Fürst-Wilhelm-Str. 36, ✆ 51942, 01712871422, III
P Eichamt, Donaustr. 15, ✆ 0171/6811802, III
P Schmautz, Im Muckentäle 33, ✆ 51554, III
Pz Leichtle, Bussenstr. 23, ✆ 5568, II

GÄSTEHAUS PFEFFERLE
Das Haus mit dem besonderen Flair
Gästezimmer - Apartments - Kanutouren

bett+bike adfc

Leopoldstr. 22, 72488 Sigmaringen
Tel: 07571/24 48, Fax 68 31 86
info@gaestehaus-pfefferle.de
www.gaestehaus-pfefferle.de

Übernachtungsverzeichnis Sigmaringendorf – Riedlingen

- Hohenzollern-Jugendherberge Sigmaringen, Hohenzollernstr. 31, ✆ 13277
- Camping Sigmaringen, Georg-Zimmerer-Str. 6, ✆ 50411

Sigmaringendorf
Vorwahl: 07571
- Gemeindeverwaltung, Hauptstr. 9/Wilhelm-Lehmann-Pl., ✆ 73050
- H Beim Rinderwirt, Hauptstr. 17, ✆ 74974-110, III
- Gh Hirsch, Lauchertbühl 9, ✆ 744960
- **P Gästehaus unterm Regenbogen, Oberdorf 8/1, ✆ 683892, II**
- Pz Schmitt-Speh, Laizer Öschle 39, ✆ 12647, II

Scheer
Vorwahl: 07572
- Stadtverwaltung, Hauptstr. 1, ✆ 76160
- H Donaublick, Bahnhofstr. 21-28, ✆ 76380, III
- Pz Eisele, Am Grabenweg 4, ✆ 2198, I

Ennetach *(Mengen)*
Vorwahl: 07572
- P Dorfstuben, Ablachweg 6, ✆ 712995, II
- Pz Herla, Keltenweg 3, ✆ 8824, I
- Pz Hertes, Gartenstr. 58, ✆ 8401
- Pz Knoch, Keltenweg 4, ✆ 8556, 0152/03216018

Mengen
Vorwahl: 07572
- Stadtverwaltung Mengen, Hauptstr. 90, ✆ 6070
- H Baier, Hauptstr. 10, ✆ 76210, II
- H Rebstock, Hauptstr. 93, ✆ 76680, III
- H Zum Fliegerwirt, Flugpl. 34, ✆ 760340, 0151/16528187, III

Blochingen *(Mengen)*
Vorwahl: 07572
- Pz Kuchelmeister, Egelseeweg 4, ✆ 2513
- Fw Gally, Schweibelweg 2, ✆ 8684

Hundersingen *(Herbertingen)*
Vorwahl: 07586
- Gh Adler, Ortsstr. 1, ✆ 378, II

Herbertingen
Vorwahl: 07586
- Gemeinde Herbertingen, Holzg. 6, ✆ 92080

- H Engel, Bahnhofstr. 1, ✆ 9217720, III-I

Ertingen
Vorwahl: 07371
- Bürgermeisteramt, Dürmentinger Str. 14, ✆ 5080
- P Buck, Paiters Gässle 11a, ✆ 5866, I-II

Neufra *(Riedlingen)*
Vorwahl: 07371
- H Kleinstes Schloßhotel, Schloßberg 12, ✆ 5700, III

Altheim
Vorwahl: 07371
- H Landgasthof Donautal, Donaustr. 75, ✆ 937020, III
- Pz Gentner, Sandgrubenweg 1, ✆ 965144, I
- **Pz Rettich, Lindenweg 6, ✆ 3963, 0177/8990677**

Riedlingen
Vorwahl: 07371
- Verkehrsamt im Rathaus, Marktpl. 1, ✆ 1830
- **H Charisma Hotel Brücke, Hindenburgstr. 4, ✆ 937060, II**
- Gh Hirsch, Lange Str. 17, ✆ 7365, II
- Pz Scheffold, Josef-Christian-Str. 34, ✆ 3537, I
- Campingplatz an der Tennishalle, Kastanienallee 40, ✆ 13620
- Radlerrast Weiss, Vöhringer Hof, ✆ 12574

Grüningen *(Riedlingen)*
Vorwahl: 07371
- Gh Adler, Adlerberg 1, ✆ 93410, 0175/2769926, II

Gästehaus unterm Regenbogen
Inh. Ingrid Grießhaber
Oberdorf 8/1
72517 Sigmaringendorf
Tel: 07571/683892

Jedes Zimmer verfügt über ein eigenes Bad mit Dusche und WC. Des Weiteren erwarten Sie Sateliten-TV, Telefon und ein kostenloser Internet Zugang.

gaestehaus-unterm-regenbogen@t-online.de
www.gaestehaus-unterm-regenbogen.com

Gästezimmer/Ferienwohnung
Fam. Rettich
Lindenweg 6 • 88499 Altheim bei Riedlingen
Rufen Sie an: 07371/3963 • mobil: 0177/8990677

Für bis zu 7 Personen, Dusche/WC,
ideal für Familien mit Kindern
DZ 25,- € / EZ 30,- € pro Person,
Kinder bis 12 Jahre nur 20,- €
Mehrbettzimmer günstiger - alle Preise inkl. Frühstück
Direkt am Donau-Radweg gelegen!
Radfahrer herzlich willkommen!

CHARISMA HOTEL BRÜCKE

**Radler-Hotel mit ♥
Direkt am
Donau Radweg**
88499 Riedlingen
Hindenburgstr. 4
Tel. 07371/937060
Fax. 07371/130 15

hotel-bruecke@t-online.de
www.hotel-bruecke-erlebniswelt.de

Nichtraucher-Zimmer mit DU/WC/TV z.T. Balkon, Frühstücksbuffet, Fahrradgarage.
Schöne Terrasse direkt an der Donau.
Urgemütliches Restaurant mit regionalen Gerichten.
Wir freuen uns auf Ihren Besuch.

Unlingen
Vorwahl: 07371
Gh Gasthof Eck, Kirchg. 12, ✆ 8242, I 🅿
Gh Sonne, Hauptstr. 37, ✆ 8574, II

Baach (Zwiefalten)
Vorwahl: 07373
P Radlerherberge Auchter, Talweg 12, ✆ 1422, 915699, II

Zwiefaltendorf (Riedlingen)
Vorwahl: 07373
Gh Zum Rössle, Von-Speth-Str. 19, ✆ 643, II

Zwiefalten
Vorwahl: 07373
Fw Aachtalblick, Bussenblick 32, ✆ 915299,

0172/6374863
⛺ Jugendzeltplatz, Beim Höhenfreibad, ✆ 20520

Rechtenstein
Vorwahl: 07375
ℹ Bürgermeisteramt, Braunsleweg 2, ✆ 244
Gh Bahnhofsgaststätte, Bahnhofstr. 1, ✆ 315

Obermarchtal
Vorwahl: 07375
Gh Berghofstüble, Reutlingendorferstr. 5, ✆ 266, 922244, III 🅿
P Bildungshaus Kloster Obermarchtal, Klosteranlage 2/1, ✆ 95050, III

Munderkingen
Vorwahl: 07393

ℹ Tourist-Information, Alter Schulhof 2, ✆ 9534581
Hg Café Knebel, Donaustr. 21, ✆ 1314, II-III 🅿
Gh Rose, Donaustr. 2, ✆ 1726, II 🅿
P Adler Brasserie, Martinstr. 17, ✆ 91424, II 🅿
Pz Nöbel, Gerhard-Hauptmann-Weg 12, ✆ 919283, I
⛺ Zeltplatz Bodenösch, Am Alten Wasserwerk, ✆ 0160/8709619

Rottenacker
Vorwahl: 07393
ℹ Gemeinde Rottenacker, Bühlstr. 7, ✆ 95040
Gh Teufel's Dorfwirtschaft, Bogenstr. 19, ✆ 954810
⛺ Zeltplatz Badesee „Heppenäcker",

✆ 0171/6825016
Kirchen (Ehingen a. d. Donau)
Vorwahl: 07393
Gh Hirsch, Osterstr. 3, ✆ 95010, III

Dettingen (Ehingen a. d. Donau)
Vorwahl: 07391
Gh Knupfer, Rottenackerstr. 15, ✆ 2488, II 🅿

Berg (Ehingen a. d. Donau)
Vorwahl: 07391
H Landgasthof und Landgut-Hotel Zur Rose, Graf-Konrad-Str. 5, ✆ 70830, III 🅿

Gasthof „ZUM HIRSCH"
88499 Riedlingen • Langestraße 17
Tel.: 07371/7365
Jürgen Matzner
matzner@artwareshop.de

• komfortable Gästezimmer mit Dusche und WC, TV, Tel.
• Schwäbische Küche, Vegetarisches
• Frühstücksbüfett • Fahrradgarage

Günther & Uta Widmann
Reutlingendorferstr. 5 • D-89611 Obermarchtal
Tel.: 07375/266 • Fax: 07375/922244
info@berghofstueble.de • www.berghofstueble.de

10 Doppelzimmer mit Dusche, WC, TV u. W-Lan, € 40,-/Person
Einzelzimmer mit DU+WC € 52,–
*Kinder mit Ermäßigung,
alle Preise inkl. Frühstücksbuffet.*

Adler Brasserie / Cafe Blank
GUTE KÜCHE

• 5 Doppelzimmer, 1 Einzel- und 1 Dreibett-Zimmer, mit Du/WC
• Fahrradabstellraum
• Trockenraum
• Waschmaschine und Trockner zur Verfügung

DZ ab € 56,- • EZ € 35,- • Dreibettz. € 75,-

D-89597 Munderkingen, Martinstr. 17
Tel.: 07393/91424, Fax: 07393/91425
E-Mail: zimmer@kluppa.de
Internet: www.kluppa.de

Alle Radfahrer zu mir!

Sie haben einen Übernachtungsbetrieb?
Informieren Sie die Radler über Ihr Angebot!

Tel: 0043/2983/28982-211
E-Mail: werbung@esterbauer.com

Übernachtungsverzeichnis Ehingen a. d. Donau – Oberdischingen

EhingerRose
Hotel · Restaurant · Terrasse · Stadl
Hauptstraße 10, 89584 Ehingen
Tel.: 07391-2737 · Fax: 07391-752944
EhingerRose@t-online.de
www.EhingerRose.de

Alle Zimmer und Familienzimmer neu renoviert, modern und mit nostalgischem Flair eingerichtet. Täglich wechselnde Mittagsgerichte und saisonale Speisen sorgen für angenehme Abwechslung.
Herzlich Willkommen!

Gästezimmer Wittmaack
Webergasse 34·89584 Ehingen/Donau
07391-7819066 · Mobil: 0171-9820148
www.gaestezimmer-ehingen.de
reinhold@wittmaack.de

Unser kleines Gästehaus an der historischen Stadtmauer bietet drei sehr gemütlich eingerichtete Doppelzimmer mit Dusche/WC · Kabel-TV · Frühstücksraum · Gemeinschaftsküche · Fahrradgarage
DZ ab € 50,-- · EZ ab € 35,-- inkl. Frühstücksbuffet

144

Ehingen a. d. Donau
Vorwahl: 07391
ℹ Tourist-Info, Marktpl. 1, ✆ 503216
H Adler, Hauptstr. 116, ✆ 70660, III-IV
H Bestwestern Bierkulturhotel Schwanen, Schwaneng. 18/20, ✆ 770850, III-IV ℹ
H Ehinger Hof, Lindenstr. 28, ✆ 77070, II
H Ehinger Rose, Hauptstr. 10, ✆ 2737, III ℹ
H Zum Ochsen, Schulg. 3, ✆ 770530, III-IV ℹ
Gh Rössle, Hauptstr. 171, ✆ 53465, II
Gh Sonne, Sonneng. 5, ✆ 6885, II
P Wittmaack, Weberg. 34, ✆ 7819066, 0171/9820148, II

Schloss-Mühle Allmendingen
Schwenkstr. 6, 89604 Allmendingen
Tel. 07391/2002, Fax 07391/2003
schlossmuehle.allmendingen@t-online.de
www.schlossmuehle-allmendingen.de

Übernachtung im romantischen Schloss. Alle Zimmer mit Dusche, WC, TV und kostenlosem W-LAN · Fahrradgarage · regionale Küche · Kaffee und Kuchen · Biergarten

Nasgenstadt (Ehingen a. d. Donau)
Vorwahl: 07391
Hg Panorama, Karpfenweg 7, ✆ 77460, III

Allmendingen
Vorwahl: 07391
ℹ Gemeindeverwaltung, Hauptstr. 16, ✆ 70150
H Dietz, Hauptstr. 23, ✆ 770760, III
P Schlossmühle, Schwenkstr. 6, ✆ 2008

Griesingen
Vorwahl: 07391
ℹ Gemeindeverwaltung, Alte Landstr. 51, ✆ 8748
Gh Adler, Alte Landstr. 12, ✆ 8373, III

Blaubeuren
Vorwahl: 07344
ℹ Touristinformation, Kirchpl. 10, ✆ 966990, 96690
H Adler, Karlstr. 8, ✆ 91770, II-III ℹ
H Löwen, Marktstr. 1, ✆ 928050, II-III
H Ochsen, Marktstr. 4, ✆ 969890, III-IV
Gh Blautopf, Blautopfstr. 4, ✆ 952466, II ℹ
P Ohm, Gerberg. 21, ✆ 910100, II
Fw Alte Mühle, Blaubergstr. 4/1, ✆ 4224, 0170/3834079
⌂ Jugendherberge, Auf dem Rucken 63, ✆ 6444

Blaustein
Vorwahl: 07304
ℹ Gemeindeverwaltung, Marktpl. 2, ✆ 8020
H Comfort Hotel Ulm, Ulmer Str. 4/1, ✆ 9590, III

Herrlingen (Blaustein)
Vorwahl: 07304
Gh Lindenmeir, Bahnhofstr. 9, ✆ 921328, o.F., II

Öpfingen
Vorwahl: 07391
ℹ Gemeindeverwaltung, Schlosshofstr. 10, ✆ 70840
Gh Ochsen, Darreng. 42, ✆ 6129, 53150

Oberdischingen
Vorwahl: 07305
ℹ Gemeinde, Schlosspl. 9, ✆ 931130
Gh Bräuhausschenke, Bräuhausg. 5, ✆ 0170/1606923, II

Ersingen (Erbach)
Vorwahl: 07305
ℹ Ortsverwaltung, Mittelstr. 11/1, ✆ 9262880

Gasthof Lindenmeir
Bahnhofstraße 9, 89134 Herrlingen
Tel.: 07304 / 921328 · Fax: 07304 / 921338
info@gasthof-lindenmeir.de
www.gasthof-lindenmeir.de

Gut essen - gut trinken - gut schlafen
Nur etwa 10 Autominuten von Ulm entfernt, am Fuße der Schwäbischen Alb. Beliebte Rad- und Wanderwege im Blautal, dem wunderschönen Lauertal oder auf der Schwäbischen Alb liegen in unmittelbarer Nähe.
EZ /DU/WC Euro 50,- DZ /DU/WC Euro 80,- inkl. Frühstücksbüffet

LANDGASTHOF Ochsen Öpfingen

Fam. Geiselhart
89614 Öpfingen
Tel. 07391/61 29
od. 5 31 50
Fax 07391/7 11 89
www.ochsen-oepfingen.de
info@ochsen-oepfingen.de

Gemütliche Fremdenzimmer mit Du/WC, TV, Telefon. Montag Ruhetag, Gästezimmer geöffnet. Lassen Sie sich von unserer bekannt guten Küche mit schwäbischen und sonstigen Spezialitäten verwöhnen.
Für Fahrräder gibt es Unterstellmöglichkeiten.

Gasthaus Hirsch & Campingplatz

- Direkt am Donau-Radwanderweg, bietet für Radler eine ideale Einkehr- und Rastmöglichkeit • eigene Brennerei
- Übernachtungsmöglichkeit im Gasthaus und im **romantischen Schäferwagen**

Bei einem zünftigen Hausmacher-Vesper und einem frisch gezapften Bier ruhen Sie sich aus und genießen den Abend in unserem Biergarten. Die ländliche Idylle, die Sie bei uns antreffen, wird vor allem auch für Ihre Kinder ein unvergessliches Erlebnis sein.

Fam. Otto Greiff
Rißtisser Straße 4 • 89155 Ersingen
Tel.: 07305/4160
info@greiff-ersingen.de
www.greiff-ersingen.de

 Gasthaus Hirsch, Rißtisser Str. 4, ✆ 4160
 Radwanderzeltplatz, Am Badesee, Auskunft DLRG, ✆ 3539, 6345, 0157/34615815

Donaurieden (Erbach)
Vorwahl: 07305
H Da Vinci, Erbacher Str. 1, ✆ 6309, III
P Steinle, Kirchenberg 12, ✆ 5216, I

Erbach
Vorwahl: 07305
 Stadtverwaltung, Erlenbachstr. 50, ✆ 96760
H Kögel, Ehingerstr. 44, ✆ 8021, III
H Zur Linde, Bahnhofstr. 8, ✆ 931100, III
Gh Schwabenpfanne, Donaustetter Str. 21/1, ✆ 24444, II–III

Landgasthof Schwabenpfanne

Donaustetter Str. 21/1 • 89155 Erbach
Tel.: 07305/24444 • Fax: 07305/24445
Handy: 0178 467 320 8
info@schwabenpfanne.de
www.schwabenpfanne.de

Schwäbische Küche, Gästezimmer mit DU/WC, TV sowie ein 5-Bett-Appartment, Fahrradunterbringung, gemütlicher Biergarten, kostenfreies W-Lan.

Fahrradfahrer sind willkommene Gäste in Ulm

Spanische Weinstube
Hotel Anker

Rabengasse 2
89073 Ulm
Tel.: 0731/63297
Fax: 0731/6031925
Direkt am Ulmer Münster

Fahrradgarage
Reichhaltiges Radler-Frühstücksbuffet
Wir bieten auch Nichtraucher-Zimmer an

info@hotel-anker-ulm.de

Hotel am Rathaus/Hotel Reblaus
Familie Thorsten Büttner
Kronengasse 8-10 • D-89073 Ulm
Tel.: 0731/96849-0 • Fax 9684949
www.rathausulm.de • info@rathausulm.de

Nur 1 Min. vom Donauradwanderweg entfernt, finden Sie uns im Herzen der historischen Altstadt zwischen Rathaus und Münster gelegen. Fahrradraum, individuell gestaltete Zimmer mit W-Lan, Kabel-TV, Telefon + Haartrockner.
EZ ab € 52,–/€ 125,–, DZ von € 72,–/€ 135,–
inkl. tollem Frühstücksbuffet

Donaustetten (Ulm)
Vorwahl: 07305
Gh Kreuz, Alb-Donau-Str. 17, ✆ 7160, II
P „Bed & Breakfast", Eichbühlstr. 68, ✆ 4610, II

Ulm
Vorwahl: 0731
 Tourist-Information, Münsterpl. 50, ✆ 0731/1612830
H Akzent Hotel Roter Löwe, Ulmer G. 8, ✆ 0731/140890, IV

H Anker, Rabeng. 2, ✆ 0731/63297, II–III

H B&B Hotel Ulm, Ehinger Str. 11, ✆ 0731/176330, II–III
H Blaubeurer Tor, Blaubeurer Str. 19, ✆ 0731/93460, o.F., II–III
H Bäumle, Kohlg. 6, ✆ 0731/62287, III–IV
H Comfor, Frauenstr. 51, ✆ 0731/96490, IV
H Goldenes Rad, Neue Str. 65, ✆ 0731/800184, III–IV
H Hotel am Rathaus, Kroneng. 8-10, ✆ 0731/968490, III–V
H Ibis Budget Ulm City, Neutorstr. 16, ✆ 0731/17662720, II
H Ibis Ulm City, Neutorstr. 12, ✆ 0731/96470, III
H Maritim Hotel Ulm, Basteistr. 40, ✆ 0731/9230, IV
H Schiefes Haus, Schwörhausg. 6, ✆ 0731/967930, IV–V
H Stern, Sterng. 17, ✆ 0731/15520, III–IV
H Ulmer Stuben, Adolph-Kolping-Pl. 11, ✆ 0731/962200, III

Übernachtungsverzeichnis Neu-Ulm – Offingen

Hg Lehrertal, Lehrer-Tal-Weg 3, ✆ 0731/954000, III
Hg Neuthor, Neuer Graben 17, ✆ 0731/9752790, IV
Hg Ulmer Münster Hotel, Münsterpl. 14, ✆ 0731/55218674, III-IV
Geschwister-Scholl-Jugendherberge Ulm, Grimmelfinger Weg 45, ✆ 0731/384455

Gögglingen (Ulm)
Vorwahl: 07305
Hg Am Zehntstadl, Bertholdstr. 17, ✆ 96130, III-IV
Gh Zum Ritter, Bertholdstr. 8, ✆ 956540, II

Wiblingen (Ulm)
Vorwahl: 0731
H Löwen, Hauptstr. 6, ✆ 41208, IV-V

Grimmelfingen (Ulm)
Vorwahl: 0731
H Adler, Kirchstr. 12, ✆ 938080, III
H Hirsch, Schultheißenstr. 9, ✆ 937930, III
H O Sole Mio, Eisenbahnstr. 47, ✆ 382575, III

Neu-Ulm
Vorwahl: 0731
Tourist-Information, Münsterpl. 50, ✆ 1612830
H Barfüßer, Paulstr. 4, ✆ 9744831, III
H Golden Tulip Parkhotel, Silcherstr. 40, ✆ 80110, III-V
H Meinl, Marbacher Str. 4, ✆ 70520, IV
H Orange Hotel, Dieselstr. 4, ✆ 37846570, III
H Posthorn, Hermann-Köhl-Str. 18, ✆ 76711
H RiKu Hotel, Maximilianstr. 4, ✆ 98094150, III
Hg City-Hotel, Ludwigstr. 27, ✆ 974520, III-IV
Hg Donauhotel, Augsburger Str. 34, ✆ 97690, III
Hg Rose, Kasernstr. 42a, ✆ 77803, II
P Deckert, Karlstr. 11, ✆ 76081, II
Ho Brickstone Hostel, Schützenstr. 42, ✆ 7082559, I

Pfuhl-Offenhausen (Neu-Ulm)
Vorwahl: 0731
H Sonnenkeller, Leipheimer Str. 97, ✆ 71770, III
Hg Kreuzäcker, Augsburger Str. 196, ✆ 9742325, III
Hg Schmid, Hauptstr. 67, ✆ 979900, III

Thalfingen (Elchingen)
Vorwahl: 0731
H Austüble, Austr. 26, ✆ 263135, 0170/6509574, II

Hotel zur Post GmbH
Bahnhofstr. 6 • 89340 Leipheim
Tel.: 08221 2770
info@hotel-post-leipheim.de
www.hotel-post-leipheim.de

familienfreundliches Hotel • familiär geführt • 46 Zimmer • nur wenige Meter von der Donau entfernt • Biergarten • regionale Küche

Oberelchingen (Elchingen)
Vorwahl: 07308
Gh Krone, Klostersteige 38, ✆ 2586, III

Unterelchingen (Elchingen)
Vorwahl: 0731
Gh Zahn, Hauptstr. 35, ✆ 3007, III

Riedheim (Leipheim)
Vorwahl: 08221
Hh Schwarzfelder Hof, Schwarzfelder Weg 3, ✆ 72628, I
Schwarzfelder Hof, Schwarzfelder Weg 3, ✆ 72628

Leipheim
Vorwahl: 08221
Stadtverwaltung, Marktstr. 5, ✆ 7070
H Zur Post, Bahnhofstr. 6, ✆ 2770, III-IV
Gh Brauereigasthof Hirschbräu, Ulmer Str. 1, ✆ 71411, II-III
Gh Bären, Günzburger Str. 15, ✆ 72047, II
Gh Waldvogel, Grüner Weg 1, ✆ 27970, III
Pz Hawlitschek, Schillerstr. 13, ✆ 200733

Bubesheim
Vorwahl: 08221
P Gästehaus Kirchenbauerhof, Leipheimerstr. 7, ✆ 6388, II

Günzburg
Vorwahl: 08221
Tourist-Information, Schloßpl. 1, ✆ 200444
H Arcadia, Am Hofgarten, ✆ 3510, IV
H Goldener Löwe, Ichenhauser Str. 62, ✆ 36680, III
H Hirsch, Marktpl. 18, ✆ 5610, III
H Rose, Augsburger Str. 23, ✆ 2068221, III
H Zettler, Ichenhauser Str. 26a, ✆ 36480, IV
Hg Bettina, Augsburger Str. 68, ✆ 36220, 32039, III-IV
Hg Römer, Ulmer Str. 26, ✆ 367380, III
Gh Brauereigasthof zur Münz, Marktpl. 25, ✆ 9167494, III-IV
Pz Astrid, Roseng. 14, ✆ 33716, I
Pz Geduld, Auf der Bleiche 5, ✆ 33673
NF Naturfreundehaus Am Birket, Schmiedlweg 2, ✆ 2788299
Fw Ferienwohnungen am Weiher, Am Weiher 8, ✆ 963341, 408703, 0172/3008250
Zeltplatz beim Naturfreundehaus, Schmiedlweg 2, Anmeldung bei Fr. Pleier, ✆ 2788299

Denzingen (Günzburg)
Vorwahl: 08221
Pz Zum 8 Mädchenhaus, Ichenhauserstr. 53, ✆ 1719, I

Offingen
Vorwahl: 08224
Gh Krone, Hauptstr. 34, ✆ 1739, II
Pz Wiedenmann, Herrenwörthstr. 11, ✆ 2370

Peterswörth (Gundelfingen an der Donau)
Vorwahl: 09073

P Gaststätte Wünsch, Offinger Str. 2, ✆ 508, III

Gundelfingen an der Donau
Vorwahl: 09073
- ℹ Kulturamt im Rathaus, Prof.-Bamann-Str. 22, ✆ 999118
- H Landgasthof Sonne Familie Delle, Hauptstr. 56, ✆ 7334, II-III
- Gh Stadion Gaststätte am Badesee, Stadionstr. 1, ✆ 2406, II
- Gh Zum Stiftsgarten, Lauinger Str. 25, ✆ 920713, o.F., I
- P Zur Alten Kanzlei, Am Wehrgang 9, ✆ 969319, 0176/21032286, II
- Pz Donautaler Wohlfühloase, Riedhauser Str. 15, ✆ 921988, 91852, III-IV

Echenbrunn *(Gundelfingen an der Donau)*
Vorwahl: 09073
- Gh Sonne, Lauinger Str. 52, ✆ 958640, III

Lauingen (Donau)
Vorwahl: 09072
- ℹ Stadtverwaltung, Herzog-Georg-Str. 17, ✆ 9980
- H Drei Mohren, Imhofstr. 6, ✆ 95890
- H Genießerhotel Lodner, Imhofstr. 7, ✆ 95890, III
- H Hotel und Restaurant Kastanienhof Lauingen, Bahnhofstr. 4, ✆ 96030, III
- H Kannenkeller, Dillinger Str. 26, ✆ 7070, IV
- H Rose, Herzog Georgstr. 4, ✆ 921841, 0151/46451750, II

Drei Mohren Hotel & Restaurant ★★★
Imhofstr. 6 • D-89415 Lauingen
Tel.: +49 09072 95890
www.hotel-lodner.de

Hotel-Restaurant Kastanienhof
89415 Lauingen • Bahnhofstraße 4
Tel.: 09072/96030 • Fax 09072/3097
www.kastanienhof-lauingen.de

24 Zimmer als Doppel- Einzel- oder Dreibettzimmer mit DU/WC, Tel.,
- EZ ab 59,- € / DZ 79,- €
- gratis Wlan • LCD-TV
- Zimmer 2014 modernisiert
- Aufzug • Rotlichtsauna
- Fahrradgarage im Innenhof
- Waschmaschine, Trockner
- preisgünstige schwäbisch-bayrische Küche, überdachte Terrasse
- Kein Ruhetag für Hotel

Suche freundliches Bett!

Inserate in *bikeline*-Radtourenbüchern kosten wenig und bringen viel. Stellen Sie hier die Vorzüge Ihres Betriebes vor. Buchen Sie jetzt eine Einschaltung in der nächsten Auflage!
Tel: 0043/2983/28982-211
E-Mail: werbung@esterbauer.com

Familie Delle
...die mit den schwarzen Rindern
♥lich willkommen!

Gemütlicher Landgasthof mit Hausmetzgerei, Steak-House, eigene ANGUS-Rinderzucht, Gästezimmer in verschiedenen Kategorien, Fahrradeinstellung, Sonnenterrasse, regionale & saisonale Küche, täglich frisches Salatbuffet, Ortsmitte, kein Ruhetag.

Hauptstr. 56 • 89423 Gundelfingen
Tel.: 09073 / 7334 • Fax: 09073 / 3270
www.sonne-gundelfingen.de
info@sonne-gundelfingen.de

Sonne HOTEL SUPERIOR GASTHOF

89423 Gundelfingen/Echenbrunn
Lauinger Straße 52 • Tel. 09073/958640
www.hotelgasthof-sonne.de

DIREKT AM DONAU-RADWEG

Vital-Frühstücksbuffet
Idyllische Sommerterrasse und Biergarten
Schwäbisch-Bayerische Spezialitäten
Fischgerichte aus eigenem Teich

Lodner
GENIESSER RESTAURANT & HOTEL

Imhofstr. 7 • D-89415 Lauingen
Tel.: +49 09072 95890
www.hotel-lodner.de

Dillingen a. d. Donau

Vorwahl: 09071

ℹ Touristinformation, Königstr. 37/38, ✆ 54208, 54143
H Convikt, Konviktstr. 9, ✆ 79310, III-IV
H Dillinger Hof, Rudolf-Diesel-Str. 8, ✆ 58740, III ♿
Hg Trumm, Donauwörther Str. 62, ✆ 3072, II-III
Hg Zur Donau, Donaustr. 7, ✆ 5838170, III ♿
Gh Zur Traube, Königstr. 46, ✆ 726060, III
P Gästehaus der Franziskanerinnen, Kardinal-von-Waldburg-Str. 2, ✆ 502811, II
🛏 Eichwaldstuben, Georg-Schmid-Ring 45, ✆ 728445
⛺ Donau-Camping, Georg-Schmid-Ring 45, ✆ 728445

Hausen (Dillingen a. d. Donau)

Vorwahl: 09071

Gh Zur Sonne, Wittislinger Str. 9, ✆ 2201, 2027, II

Steinheim (Dillingen a. d. Donau)

Vorwahl: 09074

P Miller, Dillinger Str. 3, ✆ 5252, II
Pz Burggraf, Tannenbühl 1, ✆ 3553
Fw Müller, Dillinger Str. 18a, ✆ 5229, 0176/96908106

Höchstädt an der Donau

Vorwahl: 09074

ℹ Verkehrsamt, Herzog-Philipp-Ludwig-Str. 10, ✆ 4512
H Berg, Dillinger Str. 17, ✆ 958990, 0171/5226629, II-III
H Zur Glocke, Friedrich-von-Teck-Str. 12, ✆ 957885, III
P Maier, An der Bleiche 23a, ✆ 6691, 0162/7632612, I-II ♿
P Thomas, An der Bleiche 26, ✆ 0172/6057531, o.F., I

Mörslingen (Finningen)

Vorwahl: 09074

⛺ Camping Mörslingen, Deisenhofer Str. 30, ✆ 4024, 1424

Deisenhofen (Höchstädt an der Donau)

Vorwahl: 09074

Gh Schildenberger, Steinheimer Str. 3, ✆ 4933

Sonderheim (Höchstädt an der Donau)

Vorwahl: 09074

Gh Heigl, Paulstr. 1, ✆ 1066, I-II
Gh Zur alten Donau, Hauptstr. 7a, ✆ 3220
Pz Linder, Höchstädter Str. 4, ✆ 761

Blindheim

Vorwahl: 09074

P Breisachmühle, Nebelbachstr. 15, ✆ 6166, II
P Konle, Schloßstr. 2, ✆ 91027

Wolpertstetten (Blindheim)

Vorwahl: 09070

Pz Baur, Wolperstetten 4, ✆ 407

Behaglichkeit und Gastlichkeit im
Hotel Zur Donau
Zimmer mit Du/WC/TV/Tel.
Frühstücksbuffet, Fahrradgarage
Preis pro Person im EZ € 49,-
Preis pro Person im DZ € 35,-

89407 Dillingen • Donaustr. 7
Tel.: 09071/58 38 170 • Fax: 5838174
info@hotelzurdonau.de
www.hotelzurdonau.de

Gasthof zur Glocke
Restaurant und Sonnenterrasse
Gästezimmer mit
DU/WC/TV/WLAN kostenfrei
reichhaltiges Frühstück
Fahrradgarage

Daniel und Gabi Stoiber
Friedrich-von-Teck-Straße 12
89420 Höchstädt/Donau
Tel.: 09074/957885 • Fax: 09074/957438
www.restaurant-zur-glocke.de
info@restaurant-zur-glocke.de

Pension Maier
An der Bleiche 23a • 89420 Höchstädt/Donau
Tel. und Fax: 09074/6691 • Handy: 01627632612

bett+bike adfc
RADFAHRER HERZLICH WILLKOMMEN!
• Begrüßungs-Likör • hausgemachte Marmeladen und Liköre • Allergikerzimmer • Schwimmingpool
€ 25,- pro Per. im DZ mit Frühstück
• Familien/Gruppen/Kinder Ermäßigung • Kinder bis 3 Jahre frei! • 3 - 13 Jahre € 17,-

Gästehaus Konle

Das Gästehaus Konle befindet sich direkt am Donau-Radweg. Die hellen und freundlichen Zimmer sind alle mit DU/WC und Sat TV, ruhig im Hinterhaus mit separatem Eingang. Gemütlicher Frühstücksraum mit Küche, überdachter Freisitz, Fahrradgarage, Spiel und Bademöglichkeit.

Schlossstraße 2 • 89434 Blindheim
Tel.: 09074/91027
ferienwohnung.konle@gmx.de
www.gaestehaus-konle.de

GÄSTEHAUS KLOSTER-BAUERNHOF
Breisachmühle

Gemütlich übernachten direkt am Donauradweg zwischen Dillingen und Donauwörth in Blindheim. Alle stilvoll eingerichteten Zimmer sind mit DU/WC, TV, Internet, Tel. und Insektenschutz ausgestattet.

Nebelbachstr. 15
89434 Blindheim
Tel. 09074 - 6166
www.breisachmuehle.de

Gremheim *(Schwenningen)*
Vorwahl: 09070
Pz Sailer, St.-Georg-Str. 1, ✆ 629, 0178/8545288, I

Schwenningen
Vorwahl: 09070
H Schloss Kalteneck, Kirchstr. 26, ✆ 909940, 0175/3308280, II
Gh Zum Lamm, Bundesstr. 7, ✆ 258

Lauterbach *(Buttenwiesen)*
Vorwahl: 08274
Gh Bräustüberl, Bahnhofstr. 16, ✆ 997294, 0170/9120087

Pfaffenhofen *(Buttenwiesen)*
Vorwahl: 08274
P Haus Kapfer, Am Brühl 9, ✆ 1391

Erlingshofen *(Tapfheim)*
Vorwahl: 09070
H Kartäuser Klause, Donauwörther Str. 7, ✆ 302, II
Gh Zur Grenz, Donauwörther Str. 1, ✆ 456

Zusum *(Donauwörth)*
Vorwahl: 0906
P Gerstmeier, St.-Sebastian-Str. 5, ✆ 4513, I-II

Asbach-Bäumenheim
Vorwahl: 0906
ℹ Gemeindeverwaltung, Rathauspl. 1, ✆ 29690
H Assos, Römer Str. 41, ✆ 9315
H Europa Hotel am Sportpark, Rudolf-Diesel-Str. 2, ✆ 706160

Wörnitzstein *(Donauwörth)*
Vorwahl: 0906
Gh Zum Schmidbaur, Zollernweg 2, ✆ 706220, III

Riedlingen *(Donauwörth)*
Vorwahl: 0906
P Sonnenhof, Sandacker 14, ✆ 1240, 5669
Pz Degginger, Posthof 2a, ✆ 28418, II

Donauwörth
Vorwahl: 0906
ℹ Städtische Tourist-Information, Rathausg. 1, ✆ 789151
H Donau, Augsburger Str. 6, ✆ 7006042, III
H Goldener Greifen, Pflegstr. 15, ✆ 7058260, III-IV
H Promenade, Spindeltal 3, ✆ 70593440, III
H Zu den Drei Kronen, Bahnhofstr. 25, ✆ 706170, IV
Gh Buena Vista, Hindenburgstr. 29, ✆ 9998825, II
Gh Goldener Hirsch, Reichsstr. 44, ✆ 3124, III
Gh Zum Bären, Gartenstr. 15, ✆ 9800850, II
P Haus Adria, Dillinger Str. 67a, ✆ 3975
P Haus Gertrud, Johannes-Traber-Str. 5, ✆ 5720, II
Pz Heidi, Sonnenstr. 5, ✆ 09090/4344, 0151/17369883
Pz Linder, Ölg. 2, ✆ 0175/2778972, II
BB Bed-Breakfast Werner Jünger, Schützenring 8, ✆ 7057871, 0170/8583226, II
△ Zeltmöglichkeit beim Kanu-Club, An der Westspange, ✆ 22605, 0174/9086443

Berg *(Donauwörth)*
Vorwahl: 0906

Jugendherberge Donauwörth, Goethestr. 10, ✆ 5158

Nordheim *(Donauwörth)*
Vorwahl: 0906
P Dietenhauser, Rainer Str. 50, ✆ 9800677, II
Pz Petra, Raiffeisenstr. 5, ✆ 7051317, o.F.

Zirgesheim *(Donauwörth)*
Vorwahl: 0906
Hg Mayer, Schenkensteiner Str. 9, ✆ 706690, II
Pz Leberle, Schießerhof 1, ✆ 1323, I-II
Pz Mebes, Lederstätterstr. 6, ✆ 22035, I

Altisheim *(Kaisheim)*
Vorwahl: 09099
Pz Jung, Hubertusstr. 14, ✆ 1571

Alle Radfahrer zu mir!

Sie haben einen Übernachtungsbetrieb? Informieren Sie die Radler über Ihr Angebot!
Tel: 0043/2983/28982-211
E-Mail: werbung@esterbauer.com

Übernachtungsverzeichnis
Schwenningen – Donauwörth

Pz Steidle, Donaustr. 34, ✆ 09097/1212

Marxheim
Vorwahl: 09097
- Gh **Bruckwirtschaft**, Flößerstr. 8, ✆ 920435, I-II
- Gh Land-Steakhaus Bürger, Bayernstr. 16, ✆ 239, 0171/7576 785, II
- Pz Schütz, Pfalzstr. 10, ✆ 1047

Bertoldsheim (Rennertshofen)
Vorwahl: 08434
- Gh Schlossgaststätte Schlamp, Am Schlossberg 2, ✆ 552, I-II
- Pz Gästehaus Manuela Seefried, Finkenstr. 14, ✆ 1806, II
- Pz Roßkopf, Lerchenstr. 7, ✆ 650, I

Rennertshofen
Vorwahl: 08434
- ℹ Marktgemeinde, Marktstr. 18, ✆ 9407-0
- H Landhotel Herrenhof, Marktstr. 21, ✆ 943890, III
- Gh Di-Da, Im Gewerbegebiet 4, ✆ 941512, II

Hatzenhofen (Rennertshofen)
Vorwahl: 08434
- Pz Hager, Graspointstr. 19, ✆ 1302, I

Stepperg (Rennertshofen)
Vorwahl: 08434
- Pz Landgasthof „Kimmerling", Poststr. 5, ✆ 9163, II
- Fw Krallert, Hatzenhofener Str. 50, ✆ 1602, II

Bittenbrunn (Neuburg an der Donau)
Vorwahl: 08431

H Kirchbaur Hof, Monheimer Str. 119, ✆ 619980, IV

Laisacker (Neuburg an der Donau)
Vorwahl: 08431
- P Dollinger, Gietlhausener Str. 42, ✆ 7234, I
- P Jagdschlößl, Gietlhausener Str. 43, ✆ 2700, I
- P Memmelhof, Brunnenstr. 13, ✆ 2529, II

Neuburg an der Donau
Vorwahl: 08431
- ℹ Tourist-Information, Ottheinrichpl. A 118, ✆ 55240, 55241
- H Aussicht, Amalienstr. 27, ✆ 431220, VI
- H Kieferlbräu, Eybstr. B239, ✆ 67340, III
- Hg Die Spindel, Mühlenweg 2a, ✆ 49423, II
- Hg Im Schrannenhaus, Schrannenpl. C153 1/2, ✆ 67210

Gh **Blaue Traube**, Amalienstr. 49, ✆ 8392
- Pz Kerner, Ostermannstr. 55, ✆ 2398, I
- JUST Jugendübernachtung, Adolf-Kolping-Str. 298 1/2, ✆ 57285
- Campingplatz des Donau-Ruder-Clubs Neuburg, Oskar-Wittmann-Str. 5, ✆ 9473
- Jugendzeltplatz Schwaighölzl, Grünauer Str., ✆ 57285

Weichering
Vorwahl: 08454
- Gh Vogelsang, Bahnhofstr. 24, ✆ 91260, III
- P B&M Gästehaus Weichering, Bahnhofstr. 26, ✆ 8503

Ingolstadt
Vorwahl: 0841
- ℹ Tourist-Information im Alten Rathaus, Rathauspl. 2, ✆ 3053030
- H ARA, Schollstr. 10a, ✆ 95430, III-IV
- H ARA-Hotel Comfort, Theodor-Heuss-Str. 30, ✆ 95550, V
- H Adler, Theresienstr. 22, ✆ 35107, 17099, IV
- H Altstadthotel, Gymnasiumstr. 9, ✆ 88690, IV-V
- H Ammerland, H.-P.-Müller Str. 15, ✆ 953450, IV
- H Art Hotel Ingolstadt, Manchinger Str. 69, ✆ 965020, III-IV
- H Bavaria, Feldkirchener Str. 67, ✆ 95340, III-IV
- H Domizil, Feldkirchener Str. 69, ✆ 954530, III-IV
- H Donauhotel, Münchener Str. 10, ✆ 965150, III
- H Hecht, Regensburger Str. 77, ✆ 58507, III

Bruckwirtschaft Marxheim
Gästezimmer • Ferienwohnung
Flößerstraße 8 • 86688 Marxheim
Tel.: 09097/920435 oder 0176/49505965
info@bruckwirtschaft.de
www.bruckwirtschaft.de

300 Jahre altes Gasthaus mit Tradition
ruhig, romantisch direkt an der Lechmündung
Biergarten, Fahrradgarage vorhanden,
Alle Zimmer mit Du/WC, Radler willkommen
Mai bis Oktober geöffnet, kein Ruhetag.

Gasthaus zur Blauen Traube
Amalienstr. A 49
86633 Neuburg/Donau
Tel.: 08431/8392
Fax: 08431/617494
Info@zur-blauen-traube.de
www.zur-blauen-traube.de

Für den Gast, der Neuburg länger erleben will, stehen in der „Blauen Traube" stilvolle und gemütliche Fremdenzimmer zur Verfügung.

Mit viel Geschmack und Liebe eingerichtet, verbinden sie individuelle Wohnlichkeit mit dem Komfort, den der Gast erwartet.
Bad oder Dusche, WC und Kabel-TV.

Ein Herz für Radfahrer?

Inserate in *bikeline*-Radtourenbüchern kosten wenig und bringen viel.

Stellen Sie hier die Vorzüge Ihres Betriebes vor.

Tel: 0043/2983/28982-211
E-Mail:werbung@esterbauer.com

H NH Ambassador, Goethestr. 153, ☎ 5030, IV-V
H Schumann Stuben, Schumannstr. 21, ☎ 81435, 481395, II
H enso, Bei der Arena 1, ☎ 885590, IV
Hg Bauer, Hölzlstr. 2, ☎ 67086, 66099, III
Hg Bayerischer Hof, Münzbergstr. 12-14, ☎ 934050, III-IV
Hg Ebner, Manchinger Str. 78, ☎ 966500, III
Gh Gambrinus, Friedrich-Ebert-Str. 32, ☎ 56130, II 🐕
Gh Kleines Brauhaus, Levelingstr. 86, ☎ 81077, II-III
P Eisinger, Dorfstr. 17a, ☎ 973660, II
P Torkel-Stube, Feselenstr. 52, ☎ 69665, II
P Zur Linde, Geibelstr. 6, ☎ 8816400, 8813600, II-III
BB B&B Hotel Ingolstadt, Schollstr. 2, ☎ 95560, III-IV

Wir freuen uns auf Ihren Besuch:

Pension Lohr

3 Ferienwohnung (12 Betten)
4 Doppelzimmer mit Dusche, WC, TV, und Garage als Fahrradstellplätze, mit Frühstück im Wintergarten, ideal für Gruppen und Familien mit Kindern (Sonderpreise)

Telefonische Vorbestellung erwünscht!
Fam. Lohr, Auertorstr. 31,
85088 Vohburg, am Radweg,
Tel. 08457/7602 oder 415,
Mobil: 0176/22039031
Fax 08457/930433

🛏 Jugendherberge Ingolstadt, Friedhofstr. 4 1/2, ☎ 3051280 🐕
⛺ Azur Waldcamping Auwaldsee, Am Auwaldsee 1, ☎ 9611616

Großmehring
Vorwahl: 08407
ℹ Gemeinde Großmehring, Marienpl. 7, ☎ 92940
P Delagera, Nibelungenstr. 51, ☎ 373, II
P Meininghaus, Uferstr. 12, ☎ 0157/56216587

Vohburg an der Donau
Vorwahl: 08457
ℹ Tourismusbüro, Agnes-Bernauer-Str. 1, ☎ 9369700
Gh Stöttner-Bräu, Donaustr. 9, ☎ 1219, II
Gh Vis a Vis, Donaustr. 7, ☎ 930104
P Lohr, Auertorstr. 31, ☎ 7602, 415
Pz Dankmeier, Max-Bogner-Str. 8, ☎ 930112
⛺ Zeltübernachtungsplatz, Donaulände

Menning *(Vohburg an der Donau)*
Vorwahl: 08457
Gh Unterer Wirt, Ingolstädter Str. 17, ☎ 929412, II
⛺ Privater Zeltplatz beim „Unteren Wirt", ☎ 929412

Irsching *(Vohburg an der Donau)*
Vorwahl: 08457
Pz Kuhn, Germanenstr. 11, ☎ 1096

Dünzing *(Vohburg an der Donau)*
Vorwahl: 08457
Pz Amberger, Dorfstr. 34a, ☎ 2951

Pz Wolfsteiner, Am Ölberg 1, ☎ 1751

Wackerstein *(Pförring)*
Vorwahl: 08403
Pz Anna Kreis, Vohburger Str. 82, ☎ 731

Neustadt an der Donau
Vorwahl: 09445
Gh Amtmann, Herzog-Ludwig-Str. 9, ☎ 2872
Gh Gasthof Gigl, Herzog-Ludwig-Str. 6, ☎ 9670, II-III
⛺ Campingplatz Felbermühle, Felbermühl 1, ☎ 516

Bad Gögging *(Neustadt an der Donau)*
Vorwahl: 09445
ℹ Tourist-Information Bad Gögging, Heiligenstädter Str. 5, ☎ 95750
H Apparthotel Minerva-Diana, Zur Limestherme 3, ☎ 880, 88195, III 🐕
H Centurio, Am Brunnenforum 6, ☎ 97220, 972212, II-III
H Hotel Eisvogel, An der Abens 20, ☎ 9690, IV-VI 🐕
H Kaiser Trajan Kurhotel, Römerstr. 8, ☎ 9660, 966100, IV-II
H Marc Aurel, Heiligenstädter-Str. 34-36, ☎ 9580, 958-0, V
H The Monarch Hotel, Kaiser-Augustus-Str. 36, ☎ 980, IV-V 🐕
H Zur Sonne, Trajanstr. 3-5, ☎ 95470, III
P Amann, Römerstr. 10, ☎ 97130, 0174/4567000, II
P Brigitte, Am Stocket 12, ☎ 95520, II

P Eichschmid, Römerstr. 4, ☎ 991920, II
P Holzapfel, Trajanstr. 14, ☎ 95510, II
P Kolb, Neustädter-Str. 22, ☎ 1720, I
P Marcus, Am Stocket 19, ☎ 95610, II
P Martinus, Heiligenstädterstr. 23, ☎ 95620, II
P Reger, Heiligenstädterstr. 11, ☎ 200040, 0160/91520709, II
P Schwaiger, Schulstr. 7, ☎ 95670, II

Eining *(Neustadt an der Donau)*
Vorwahl: 09445
Gh Abusina Stubn, Abusinastr. 38, ☎ 8359, I
Pz Treitinger, Abusinastr. 29, ☎ 7880, II

Weltenburg *(Kelheim)*
Vorwahl: 09441

Radfreundliche Unterkunft!

In Ihrem Haus übernachten Radfahrer? Stellen Sie hier die Vorzüge und Besonderheiten Ihres Betriebes vor. Mit allem, was Radfahrer interessiert.
Tel: 0043/2983/28982-211
E-Mail: werbung@esterbauer.com

H Gästehaus St. Georg, Asamstr. 32, ☎ 6757536, V
Gh Klostergasthof Weltenburg, Alte Dorfstr. 3, ☎ 1370, IV
P Köglmaier, Am Keltenwall 4, ☎ 7103, 7130, II

Kelheim
Vorwahl: 09441

- Tourist-Information, Ludwigspl. 1, ☎ 701234, 701-234
- H Altes Kloster, Klosterstr. 5, ☎ 50150, III
- H Aukoferbräu, Alleestr. 27, ☎ 2020, II
- **H Romantisches Turmhotel „Zum Erasmus", Matthias-Kraus-G. 35-37, ☎ 1747370, III-IV**
- H carathotel Wittelsbacher Hof, Donaustr. 22-26, ☎ 177050, IV-V

Hg Sperger, Regensburger Str. 190, ☎ 3420, III
Gh Berzl, Hafnerg. 2, ☎ 1425, III
Gh Frischeisen, Regensburger Str. 69, ☎ 50490, I-II
Gh Stockhammer, Am oberen Zweck 2, ☎ 70040, III
Gh Weißes Lamm, Ludwigstr. 12, ☎ 20090, III
P Café am Donautor, Donaustr. 19, ☎ 50250, III-I
P Carlbauer, Schlossbuckel 4, ☎ 50380, II
P Zum Schwan, Fischerg. 30, ☎ 29298, II
Pz Ingerl, Robert-von-Welz-Str. 6, ☎ 2486
Pz Riedel, Altvaterstr. 66, ☎ 7684
Pz Riepl, Kiesweg 11, ☎ 3003

Ihrlerstein *(Kelheim)*
Vorwahl: 09441

- Jugendherberge Kelheim-Ihrlerstein, Kornblumenweg 1, ☎ 3309 ⓘ

Herrnsaal *(Kelheim)*
Vorwahl: 09441

- Camping auf dem Bauernhof, Herrnsaaler Ring 26, ☎ 9607

Lengfeld *(Bad Abbach)*
Vorwahl: 09405

Gh Schreiner, Teugner Str. 11, ☎ 1717, II

Bad Abbach
Vorwahl: 09405

- Kurverwaltung, Kaiser-Karl-V.-Allee 5, ☎ 95990
- **H Elisabeth, Ratsdienerweg 4-8, ☎ 95090, III**
- H Park Café Reichl, Kaiser-Karl-V.-Allee 28, ☎ 2171, 0171/3151651, III
- H Parkresidenz Bad Abbach, Kochstr. 18-20, ☎ 95000, IV ⓘ
- H Zur Post, Am Markt 21, ☎ 95360, III
- Gh Waldfrieden, Kaiser-Karl-Allee 17, ☎ 9568380, III
- Gh Wastlwirt, Gerhart-Hauptmann-Str. 25, ☎ 4569, III
- P Berghofer, Kochstr. 14, ☎ 2278, II
- P Geitner, Frauenbrünnlstr. 12a, ☎ 3188, II
- P Isabella, Frauenbrünnlstr. 23, ☎ 1757, II
- P Kötterl, Am Markt 12, ☎ 2339, II
- P Marion, Kaiser-Karl-V.-Allee 6, ☎ 5009060, II ⓘ
- P Toscana, Bahnhofstr. 14a, ☎ 95440, II-III
- P Ursula, Hebbergring 13, ☎ 95270
- Pz Brunner, Peisingerstr. 1, ☎ 3724, II
- Pz Claudia, Frauenbrünnlstr. 24, ☎ 1031, II

Pz Huber, Kochstr. 3, ☎ 941268
- Freizeitinsel, Inselstr. 1a, ☎ 9570401, 0176/96631729

Poikam *(Bad Abbach)*
Vorwahl: 09405

- Campingplatz Donaulände, Kanalstr. 22, ☎ 4431

Matting *(Pentling)*
Vorwahl: 09405

Gh **Fänderl, Wirtsweg 2, ☎ 2105**
Gh Zur Walba, Unterirading 1, ☎ 2102, II ⓘ

Sinzing
Vorwahl: 0941

H Donau-Hotel, Am Reitfeld 12, ☎ 3782900, III-IV

Regensburg
Vorwahl: 0941

- Tourist-Information Altes Rathaus, Rathauspl. 4, ☎ 5074410, 507-4411
- H ACHAT Plaza Herzog am Dom, Dompl. 3, ☎ 584000, V
- H Abotel, Donaustaufer Str. 70, ☎ 64090585, III ⓘ
- H Altstadt-Engel, Gesandtenstr. 12, ☎ 28074600, IV-V
- H Altstadthotel Am Pach, Untere Bachg. 9, ☎ 298610, IV
- H Altstadthotel Arch, Haidpl. 4, ☎ 58660, IV-V
- H Apollo, Neuprüll 17, ☎ 91050, III
- H Artrium im Park, Im Gewerbepark D90, ☎ 40280, o.F., IV
- H Avia, Frankenstr. 1-3, ☎ 40980, IV
- H Best Western Premier, Ziegetsdorfer Str. 111, ☎ 463930, IV

Carlbauer Pension
Schloßbuckel 4 · 93309 Kelheim
Tel.: 09441/ 50380 · Fax: 09441/ 503844
pension-carlbauer@t-online.de
www.pension-carlbauer.de

Pension mit EZ, DZ, App. und einer Suite, zentral u. donaunah gelegen. Fahrradgarage, Fahrradverleih, Bahnhof Saal ca. 3 km. Frühstücksbuffet, Preis ab 31,– € p.P. im Dz

BRAUEREI GASTHOF Frischeisen
93309 Kelheim · Regensburger Straße 69
Tel.: 09441/5049-0 · Fax: 3698
brauerei-gasthof-frischeisen@t-online.de
www.brauerei-frischeisen.de

Gasthof Nähe Europabrücke, mit 4 EZ, Du/WC, 21 DZ, Du/WC, auch MZ. Auf Wunsch TV, WLAN und Telefon sowie Frühstücksbuffet. Fahrradgarage kostenlos. Gemütl. Gastzimmer, gutbürgerliche Küche mit bayer. Spezialitäten, Bierspezialitäten aus eigenem Haus, direkt am Donau-Radweg.
Preise: ab € 28,–/ Person

H Bischofshof, Krauterermarkt 3, ☎ 58460, V

H Bischofshof Braustuben, Dechbettener Str. 50, ☎ 2082170, IV

H Castle Hotel, St. Petersweg 3, ☎ 58612707, IV

H Central Regensburg CityCentre, Margaretenstr. 18, ☎ 2984840, IV

H Das Götzfried, Wutzlhofen 1, ☎ 69610, V

H Dock 1, Alte Straubinger Str. 7, ☎ 6009090, III

H Elements Hotel, Alter Kornmarkt 3, ☎ 38198600, o.F., IV

H Goldenes Kreuz, Haidpl. 7, ☎ 55812, 0171/5318771, IV

H Goliath am Dom, Goliathstr. 10, ☎ 2000900, V

H Hansa Apart, Friedenstr. 7, ☎ 99290, IV

H Hottentotten Inn, Auweg 1a, ☎ 69099999, III

H Ibis Budget Regensburg Ost, Junkersstr. 1, ☎ 789541, II

H Ibis Regensburg City, Furtmayrstr. 1, ☎ 78040, o.F., III

H Ibis Styles, Bamberger Str. 28, ☎ 81010, III

H Jakob, Jakobstr. 14, ☎ 6009290, IV

H Kaiserhof am Dom, Kramg. 10-12, ☎ 585350, III-IV

H L'Ostello Altstadthotel, Schäffnerstr. 20, ☎ 63087490, IV

H Lux, Stadtmahof 24, ☎ 85724, III

H Mercure Hotel Regensburg, Grunewaldstr. 16, ☎ 78820, IV

H Münchner Hof und Dependence „Blauer Turm", Tändlerg. 9 und 14, ☎ 58440, III-IV

H Orphée - Kleines Haus, Wahlenstr. 1, ☎ 596020, III-IV

ZAR Hotel Vitalis

Regensburg genießen bei uns regenerieren und wohlfühlen

- Großer Sauna- Vital- und Schwimmbadbereich
- Moderne Trainingsgeräte
- Auf Anmeldung Verwöhnmassagen und Fangoanwendungen
- Ein Frühstücksbuffet, das keine Wünsche offen lässt

Seien Sie unser Gast auf Ihrer Durchreise in Regensburg.

Einzelzimmer ab 65 Euro
Doppelzimmer ab 80 Euro

ZAR Hotel Vitalis
Dr.-Gessler-Straße 29
93051 Regensburg
Tel. 0941. 298 59 207
info@zar-hotel-vitalis.de
www.zar-hotel-vitalis.de

H Orphée Großes Haus, Untere Bachg. 8, ☎ 596020, IV-V

H Orphée – Künstlerhaus Andreasstadel, Andreasstr. 26, ☎ 59602300, IV-V

H Richard Held, Irl 11, ☎ 9420, IV

H Roter Hahn, Rote-Hahnen-G. 10, ☎ 595090, IV

H Sorat Insel-Hotel, Müllerstr. 7, ☎ 81040, IV-V

H St. Georg, Karl-Stieler-Str. 8, ☎ 91090, III

H Stadthotel Regensburg, Gutenbergstr. 17, ☎ 99255755, III

H Star Inn Hotel, Bahnhofstr. 22, ☎ 56930, II-III

H Weidenhof, Maximilianstr. 23, ☎ 53031, III

H Wiendl, Universitätsstr. 9, ☎ 920270, III

H ZAR Hotel Vitalis, Dr.-Gessler-Str. 29, ☎ 29859207, III

WIRTSHAUS & BIERGARTEN
SPITALGARTEN
ein original Regensburger Traditionslokal

Bayerische Schmankerl,
durchgehend warme Küche - Biergarten
9 Zimmer mit WC und Etagendusche
Übernachtung mit Frühstück EZ € 35,– / DZ € 60,–

St. Katharinenplatz 1, 93059 Regensburg-Stadtamthof
Tel.: 09141/8 47 74, Fax 0941/890 31 68
spitalgarten@t-online.de
www.spitalgarten.de

H Zum Blauen Krebs Gasthof Dicker Mann, Krebsg. 6, ☎ 57370, IV-V

H Zum fröhlichen Türken, Fröhliche Türkenstr. 11, ☎ 53651, III

Gh Kolpinghaus Regensburg, Adolph-Kolping-Str. 1, ☎ 595000, III

Gh Parzefall, Obertraublinger Str. 54, ☎ 71459, 01773201512, III

Gh Spitalgarten, St. Katharinenpl. 1, ☎ 84774, II

P Holzgarten, Holzgartenstr. 77, ☎ 78036550, 0176/66742790, II

P Katholische Akademie, Ostengg. 27, ☎ 56960, II-III

Pz Zimmer in Regensburg, Weißgerbergraben 8/Rehgäßch. 5, ☎ 7957893, II-III

AH Parklounge Gastronomie, Salzburgerg. 1, ☎ 307040, 0160/8476484, o.F., III

Brook Lane Hostel, Obere Bachg. 21, ☎ 6965521, I-II

Jugendherberge Regensburg, Wöhrdstr. 60, ☎ 4662830, I

Azur Camping, Weinweg 40, ☎ 270025

Tegernheim
Vorwahl: 09403

H Dream Inn, Von-Heyden-Str. 12, ☎ 9529379, I-II

H von Heyden, Von-Heyden-Str. 26, ☎ 954499400, III

Gh Götzfried, Donaustr. 13, ☎ 961665, II

Fw Bavarian Cottage, Ringstr. 14, ☎ 967767, II

Donaustauf
Vorwahl: 09403
- Touristinfo Donaustauf, Maxstr. 24, ☎ 9552929
- **H Forsters Posthotel, Maxstr. 43, ☎ 9100, IV-V**
- H Hammermühle, Thiergartenstr. 1, ☎ 96840, III
- H Kupferpfanne, Lessingstr. 46-48, ☎ 95040, III
- Pz Kastenmeier, Ludwigstr. 30, ☎ 1014, I

Sarching (Barbing)
Vorwahl: 09403
- Gh Geser, Kirchpl. 4, ☎ 952900, II
- Gh Karl Wirt, Obere Dorfstr. 17, ☎ 952920, II
- P Am Donaubogen, Obere Dorfstr. 28, ☎ 962441, 2467, 0175/3693183, III

Demling (Bach an der Donau)
Vorwahl: 09403
- Pz Elfriede Wagner, Alleestr. 14, ☎ 2250, I
- Pz Vitus Kaiser, Rosenstr. 6, ☎ 8506, 0170/7285659, I

Bach an der Donau
Vorwahl: 09403
- P Held, Hauptstr. 44, ☎ 1881, II
- P Weinstube Heitzer, Obere Bachg. 9, ☎ 954832, 0160/90190328, I
- Pz Familie Gmeinwieser, Obere Bachg. 7, ☎ 2529, 0171/9281293, I

Wiesent
Vorwahl: 09482
- P Rösch, Regensburger Str. 10, ☎ 3706, II

- Fw Stadler, Ettersdorfer Str. 9, ☎ 3536

Wörth an der Donau
Vorwahl: 09482
- Verkehrsamt, Rathauspl. 1, ☎ 94030
- H Rosenhof, Straubinger Str. 21, ☎ 2080, II
- Gh Butz, Kirchpl. 3, ☎ 9510, II-III
- Gh Geier, Josef-Feller-Str. 1, ☎ 2250, II
- **P Bayerisches Gästehaus, Osserstr. 5, ☎ 2805, I**
- Pz Fuchs, Hungersdorfer Str. 2, ☎ 2856, 0160/94996093, I
- Pz Schmidbauer, Osserstr. 5, ☎ 2805, I

Kirchroth
Vorwahl: 09428
- P Weiss-Hof, Regensburger Str. 40, ☎ 542, II

Kößnach (Kirchroth)
Vorwahl: 09428
- P Groß, Straubinger Str. 23, ☎ 1574, 7102, II

Straubing
Vorwahl: 09421
- Amt für Tourismus, Theresienpl. 2, ☎ 944307
- H Asam, Wittelsbacherhöhe 1, ☎ 788680, IV
- H Bischofshof, Fraunhoferstr. 26, ☎ 12992, II
- H Das Röhrl, Theresienpl. 36, ☎ 430511, IV
- H Franziska, Regensburger Str. 42, ☎ 180480, III-IV
- H Gäubodenhof, Theresienpl. 32, ☎ 12275, III
- H Heimer, Schlesische Str. 131, ☎ 9810, II-III
- H Nothaft, Ittlinger Hauptstr. 3, ☎ 183390, III
- H Römerhof, Ittlinger Str. 136, ☎ 99820, III

- H Seethaler, Theresienpl. 9, ☎ 93950, IV
- **H Theresientor, Theresienpl. 51, ☎ 8490, IV-V**
- H Villa, Bahnhofpl. 5b, ☎ 963670, IV
- H Wenisch, Innere Passauer Str. 59, ☎ 99310, IV
- Hg Schedlbauer, Landshuter Str. 78, ☎ 33838, 41117, I-II
- Gh Gabelsberger Hof, Gabelsbergerstr. 21, ☎ 182113, 182115, II
- Gh Landshuter Hof, Landshuter Str. 36, ☎ 30366, III-IV
- Gh Reisinger, Sossauer Pl. 1, ☎ 10658, II
- P Weißes Rössl, Landshuter Str. 65, ☎ 96363366, 0179/2106854, II-III
- P Zur Sonne, Landshuter Str. 113, ☎ 33235, II-III

FORSTERS ★★★★
Posthotel in Donaustauf
Maxstraße 43 · 93093 Donaustauf
Tel.: 09403/9100 · Fax: 09403/910 910
info@forsters-posthotel.de
www.forsters-posthotel.de

4-Sterne Hotel 2012 neu erweitert durch Wellness- und Fitnessbereich und 30 neue Deluxezimmer mit Tagungsareal. Gourmetrestaurant, Poststüberl, Biergarten, behindertengerecht, Haustiere erlaubt, kostenfreies Sky und W-Lan.
Zimmerausstattung: Dusche/Bad, WC, Flat-TV mit kostenl. Sky, Telefon, Minibar.

Bayerisches Gästehaus
Familie Schmidbauer
Osserstr. 5 · 93086 Wörth/Donau
Tel.: 09482/908715

ruhige Lage - je ein Getränk gratis - Unterstellmöglichkeit für Fahrräder - Gartennutzung mit Grillmöglichkeit - Sauna - kostenlose Benutzung für Waschmaschine u. Trockner
www.gaestehaus-schmidbauer.de
gaestehaus-schmidbauer@t-online.de

Direkt am mittelalterlichen Stadtplatz gelegen!

★★★★ HOTEL THERESIENTOR

Genießen Sie den persönlichen Service freundlicher und umsichtiger Gastgeber.
HOTEL THERESIENTOR
Theresienpl. 51, 94315 Straubing, Tel. 09421/8490
Fax 09421/849100, straubing@hotel-theresientor.de
www.hotel-theresientor.de

BB Bredl, Steinweg 32, ✆ 184872, IV
▲ Campingplatz Straubing, Wundermühlweg 9, ✆ 89794, I

Reibersdorf *(Parkstetten)*
Vorwahl: 09421
Gh Winklmeier Hof, Richprechtstr. 15, ✆ 12295, II-III
Pz Schaller, Richprechtstr. 19, ✆ 10157, I

Bogen
Vorwahl: 09422
ℹ Tourismusamt, Stadtpl. 56, ✆ 505-0
H Gasthof zur Post, Stadtpl. 15, ✆ 1346, II
Gh Plötz, Großlintach 29, ✆ **1342, I**
Gh Zur schönen Aussicht, Bogenberg 2, ✆ 1539, III
P Schreiber, Stadtpl. 23, ✆ 806993, II

Breitenweinzier *(Bogen)*
Vorwahl: 09422
Pz Eberth, Breitenweinzier 1, ✆ 805373, II

Pfelling *(Bogen)*
Vorwahl: 09422
Gh Zum Donauufer, Pfelling 23, ✆ **2306, II**

Waltendorf *(Niederwinkling)*
Vorwahl: 09906
Gh Plank-Hof, Waltendorf 19, ✆ **492, 0171/3866335, II**

Mariaposching
Vorwahl: 09906
P Killinger, Stadtfeldstr. 10a, ✆ 783, 0160/7217532, I

Metten
Vorwahl: 0991
ℹ Verkehrsamt, Krankenhausstr. 22, ✆ 998050
H Zum Kloster Metten, Neuhausener Str. 2, ✆ 2962300, III
Gh Café am Kloster, Marktpl. 1, ✆ 9989380, 998938-0, II
P Grabmeier-Keller, Deggendorfer Str. 27, ✆ 9355, 0160/96653460, I

Deggendorf
Vorwahl: 0991
ℹ Tourist Information, Oberer Stadtpl. 1, ✆ 2960535
H Donauhof, Hafenstr. 1, ✆ 38990, III
H Georgenhof, Altholzstr. 9, ✆ 4716, II
H Horizont, Tattenberg 15, ✆ 2910452, 0171/2233867, III
H Hotel-Gasthof Höttl, Luitpoldpl. 22, ✆ 3719960, III
H NH Parkhotel Deggendorf, Edlmairstr. 4, ✆ 34460, IV
H Stadthotel Deggendorf, Östl. Stadtgraben 13, ✆ 371640, III
P Haus Gawlik, Regerstr. 5, ✆ 8791, II
▲ Donaustrandhaus, Eginger Str. 42, ✆ 4324

Niederalteich
Vorwahl: 09901
ℹ Verkehrsamt, Guntherweg 3, ✆ 93530
P Habereder, Uferstr. 13, ✆ 5657, II
P Stattenberger, Gundelauer Str. 1, ✆ 5994, II
P Zum Glück, Donaustr. 14a, ✆ **958992, 0151/43246307, II**
Pz Mayrhofer, Odilostr. 5, ✆ 1265, III

Osterhofen
Vorwahl: 09932
ℹ Tourist-Information, Stadtpl. 13, ✆ 4030
H Bayerischer Löwe, Vorstadt 10, ✆ 1497, III-IV
H Pirkl, Altstadt 1, ✆ 1276, I
▲ Campingplatz Maier, Rossfelden 1, ✆ 2276

Winzer
Vorwahl: 09901
ℹ Tourist-Info, Schwanenkirchener Str. 2, ✆ 93570
Gh Zum grünen Baum, Passauer Str. 11, ✆ 7348, I
P Biller, Ottach 1, ✆ 08545/8336, II
P Steinke, Bergstr. 6, ✆ 7270, II

Neßlbach *(Winzer)*
Vorwahl: 08545
Gh Augenstein, Deggendorfer Str. 7, ✆ **341, II**

Hofkirchen
Vorwahl: 08545
ℹ Tourist-Information, Rathausstr. 1, ✆ 97180
Gh Buchner, Kaiserstr. 14, ✆ **911033, III**
Gh Stanek, Zaundorf 4, ✆ 327, II

Künzing
Vorwahl: 08549
ℹ Tourist-Information, Osterhofener Str. 2, ✆ 97310
Gh Miadl Baile, Untere Römerstr. 82, ✆ 08547/637
Gh Thalhauser, Wallerdorf 7, ✆ 575
Pz Duschl, Girchinger Str. 4, ✆ 1227, I

Pleinting (Vilshofen)
Vorwahl: 08549
Gh Baumgartner, Hauptstr. 32, ✆ 910060, I
Gh Drei Mohren, Hauptstr. 29, ✆ 347, I

Vilshofen
Vorwahl: 08541
🛈 Tourist-Information, Stadtpl. 27, ✆ 208112
H Bairischer Hof, Vilsvorstadt 29, ✆ 5065, II
H Landhof Eineder, Schönerting 42, ✆ 08543/1323, II
H Wittelsbacher Zollhaus, Donaug. 10-12, ✆ 969600, III
Gh Wolferstetter Bräu, Stadtpl. 14, ✆ 967935, II
Pz Flierl, Alte Feuerwehr. 11, ✆ 1353, II
Pz Sagerer, Alte Fischerg. 4, ✆ 7779, I-II 🛏

Pension Sagerer
Alte Fischergasse 4
94474 Vilshofen an der Donau
Tel. 08541 / 7779 • Fax 9179003
peter-sagerer@t-online.de
www.pension-sagerer.de

gratis WLAN

Unsere Pension liegt in der Stadtmitte Vilshofens direkt am Donauradweg. Wir bieten komfortable EZ,DZ mit Dusche/WC, Frühstücksbuffet, preisgünstige Mehrbettzimmer für Familien bzw. kleine Gruppen, kostenloser Fahrradraum.

Wir sind ein vom ADFC empfohlener Betrieb

Pension Donaublick
Kurt und Marion Donaubauer
Nömerberg 20a • 94575 Windorf
Mobil: 0049(0) 170 / 433 27 28
Tel./Fax: 0049(0) 8541 / 96 75 93
info@pension-donaublick.de
www.pension-donaublick.de

bett+bike adfc

Gepflegte Frühstückspension mit herrlichem Blick auf das Donautal. Freundlichen und hellen Zimmer teilweise mit Balkon, ZH, Sat-TV, WC und Dusche. Großer Pool mit Sonnenterrasse und Liegewiese lässt den Alltagsstress vergessen. Garagen für Fahrräder und Motorräder vorhanden.
Übernachtung mit Frühstück ab € 22,-
pro Person und Tag
Einzelzimmer mit Frühstück ab € 32,-

Windorf
Vorwahl: 08541
🛈 Touristinformation, Marktpl. 23, ✆ 962640
H Zum Goldenen Anker, Marktpl. 42, ✆ 96650, II-III
P Donaublick, Nömerberg 20a, ✆ 967593, 0170/4332728, I 🛏
P Moser, Marktpl. 40, ✆ 8275, II 🛏

Sandbach (Vilshofen)
Vorwahl: 08548
Gh Sandbacher-Hof, Sandbacher Str. 58, ✆ 237, I

Gaishofen (Windorf)
Vorwahl: 08546
Gh Heller´s Fischerstüberl, Fischerstr. 21, ✆ 624, I

E-Mail: dreifluessecamping@t-online.de
DREIFLÜSSE-CAMPING
dreifluessecamping@t-online.de
www.dreifluessecamping.privat.t-online.de
Nav GPS: 48°36´26´´ N; 13°20´43´´ E

Am Sonnenhang 8
D-94113
Irring/Passau
Tel. 08546/633,
Fax 2686

Josef Pitscheneder

• Dreiflüsse Camping für alle Reisenden liegt der ruhige, erholsame hochwasserfreie intern. Ferien- und Touristen Camping- und Zeltplatz • hygienische Sanitäreinrichtungen • Kinderspielplatz • Hallenbad • Miet-Charlets • Touristenzimmer • Lourdes-Grotte • Kiosk • bürgerliche Gastwirtschaft • Sonnen-terrasse • Angeln • Wanderwege • Stadtbus Nr. 6
• Autoabstellplatz für Rad oder Schiffreisende
• NEU Heustadt Hotel u. Zeltplatz am Radweg
• NEU schlafen im Heustadel

Irring (Tiefenbach)
Vorwahl: 08546
🅰 Dreiflüsse-Camping, Am Sonnenhang 8, ✆ 633

Passau
Vorwahl: 0851
🛈 Tourist-Information, Rathauspl. 3, ✆ 955980
🛈 Tourist-Information, Bahnhofstr. 28, ✆ 955980
H ACHAT Comfort Passau, Neuburger Str. 79, ✆ 95180, III-IV
H Altstadt-Hotel, Bräug. 23-29, ✆ 3370, III-V
H Am Paulusbogen, Rindermarkt 2, ✆ 931060, III-IV
H Amedia Express, Neuburger Str. 128, ✆ 988420, II-III
H Atrium, Neue Rieser Str. 6, ✆ 9886688, III-IV
H Burgwald, Salzweger Str. 9, ✆ 941690, II-III
H Cultellus, Kleine Messerg. 12, ✆ 49095204, III-IV 🛏
H Dreiflüssehof, Danziger Str. 42/44, ✆ 72040, III-V
H IBB City Centre, Bahnhofstr. 24, ✆ 9883000, III-IV
H Innsento, Kapuzinerstr. 32, ✆ 386401, III
H Rotel Inn, Haisseng. 10, Hauptbahnhof/Donauufer, ✆ 95160, II 🛏
H Schloß Ort, Im Ort 11 / Bräug., ✆ 34072, III-V
H StadtHotel, Gr. Klingerg. 17, ✆ 33069, III
H Weißer Hase, Heiliggeistg. 1, ✆ 92110, IV
Hg Deutscher Kaiser, Bahnhofstr. 30, ✆ 9556615, II-III
Hg Herdegen, Bahnhofstr. 5, ✆ 955160, IV 🛏
Hg König, Untere Donaulände 1, ✆ 3850, III-IV

Hg Passauer Wolf, Untere Donaulände 4, ✆ 931510, III-V
Hg Residenz, Fr.-Schäffer-Promenade 6, ✆ 989020, IV
Hg Spitzberg, Neuburger Str. 29, ✆ 955480, III-V
Hg Wilder Mann, Am Rathauspl., ✆ 35071, III-IV
Gh Auer, Heininger Str. 26, ✆ 988990, III
Gh Blauer Bock, Höllg. 20, ✆ 34637, III
Gh Goldenes Schiff, Unterer Sand 8, ✆ 34407, II-III
Gh Schäfer, Greppenweg/Neustift 3, ✆ 8516280, II
Gh Zum Streiblwirt, Rittsteiger Str. 87, ✆ 81382, II
P Fahrradpension Bäckerei Mandl, Bahnhofstr. 33, ✆ 34784, 96100, I
P Fiedler, Färberg. 5, ✆ 41539, I
P Gabriele, A.-Stifter-Str. 12, ✆ 6446, II
P Panorama, Angerstr. 59, ✆ 88199078, o.F., II
P Rößner, Bräug. 19, ✆ 931350, II
P Zur Freiheit, Wiener Str. 86, ✆ 4908491, 0163/7235008, II
P Zur Goldenen Sonne, Unterer Sand 18, ✆ 2730, II-III
Pz Wüstinger, Meierhofstr. 22, ✆ 58079, I-II
BB Holzhaus im Grünen, Halser Str. 27a, ✆ 9441594, 0160/3540762, II
Bh Hofbauerngut Sprödhuber, Hofbauerngut 1, ✆ 41263, II
🏠 Jugendherberge Passau, Oberhaus 125, ✆ 493780, I 🅿
⛺ Zeltplatz Ilzstadt, Halserstr. 34, ✆ 41457, 0160/2856778

Innstadt *(Passau)*
Vorwahl: 0851
P Vilsmeier, Lindental 28a, ✆ 36313, II

Hals *(Passau)*
Vorwahl: 0851
Gh Zur Triftsperre, Triftsperrstr. 15, ✆ 51162, II-III

Danke

Unser Dank geht an alle Personen, die uns bei der Erstellung dieses Buches unterstützt haben. Besonderen Dank für ihre Infos an:

J. Pregler und B. Spachtholz, Floß; A. Schäfer, Regensburg; G. Margreiter, Wien; K. und M. Fehr, Regensburg; A. Philipps, Heidelberg; T. Fleischhacker; F. Holzhauser, Riedlingen; Dipl. Ing. R. Wochermaier, Ebersberg; Hanke, Niederaltaich; Hans J. Rieche, Ettingen/Schweiz; M. Mörk und J. Röckle, Leonberg; A. Kruse; A. Kröger, Freiburg; M. Tanger, Paderborn; M. Klapprott, Marxheim; R. Wania, Nürnberg; M. Nöbel, Munderkingen; L. Hertes, Mengen; S. Brock; E. Amberger, Dünzing; R. und H. Grimm; R. und M. Werner, Oberursel; Frau Söhnel, Beuron; E. Knebel, Munderkingen; T. Hörburger; G. und H.-J. Biegert; G. Strecker, Vaihingen; F. Dettmann, Tuttlingen; S. Sagerer, Vilshofen; D. Bardolf, Volkershausen; K. Hauler, Rottenacker; G. Stahl, Plüderhausen; K. Loh, Ulm; B. Maucher; W. und W. Müller, Bad Homburg; W. Gauß, Markdorf; H. Kaiser; A. und J. Groß, Kössnach; R. Stein-Mühlig und K. Mühlig, Sindelfingen; F. Noe; Mag. J. Staudigl, Ljubljana/Slovenien; H.-D. Böhme, Krumbach; K. Englert, Stuttgart; A. Gempel, Kempten; H. Federsel, Korntal; K. Weiß, Wiesbaden; R. Bartling, Hannover; A. Raab, Netphen; B. Drahl, Holm; F. Schall, Düren; E. Irl, Zorneding; M. Lang, Ehingen; E. Kurth, Bremen; H. Knopf, Emmendingen; J. Müller, Umkirch; J. und J. Körnlein, Cadolzburg; H.-G. Schmitz, Koblenz; D. John, Wolfsburg; W. Sepp, Bibertal; W. Zimmermann, Kaufungen; Astrid; D. Henke; F. Becksteiner, Linz; C. und D. Kienzlen, Stuttgart; B. und M. Kuhn, Däniken; B. und E. Bär, Heilbronn; B. Dankl, München; F. Illenberger, Frankfurt/Main; W. Affeln, Hamburg; L. Fehrenbach, Simonswald; S. Und R. Heubuch, Haldenwang; P. Klein, Bodenheim; Th. Bubenzer, Aschaffenburg; W. Weiss, Heiningen; H Graupner, Wien; G. Heka, Marl; U. Jenß, Hildesheim; M. Gewalt, Vierkirchen; R. Dietz, Lenting; E. Diemer, Hofstetten; R. Meyer-Rix, Hamburg; F. Burkhardt, Arlesheim; M. Brunheim, Obereschach; F. Schmidt, Rastede-Wahnbeck; P. Müller, Niederuzwil/Schweiz; H-D. Böhme, Krumbach; H. Buchmann; G. u. k. Stoessel, Karben; G. Sander, Saarbrücken;

Fam. Bosstad, Abbekerk/Niederlande; H-A. u. K. Kluth, Muelheim/Ruhr; S. Finkel, Wien; G. Weise, Hahnbach; A. Lörcher, Dietersweiler; E. Mueller, München; H Hellwig, Heilbronn; G. Dummer, Nürnberg; T. u. A. Carle; R. Brezner, Kirchheim; L. u. U. Olivier; F. Sturm u. C. Stengel, Erligheim; C. Enkhardt; R. Burkhardt, Blaustein; K-H. Niebel, Rottweil; J. Seibold, Baierbronn; S. Gehring, Ostelsheim; M. u. K. Bestel, Allstedt; C. Vogel, München; E. Bohn, Ludwigsburg; E. und F. Wagner, Ebersbach/Fils; S. Aebischer; H. Schreyegg, Neustadt/Waldnaab; B. u. H. Albring, Telgte; I. Friedemann, Freiburg; U. Richter, Storkow; Th. Doyé; R., J., N. und S. Lanz; M. Kreis, Germering; J. Auburger, Lappersdorf; K. Hirschoff, Meßstetten; Fam. Bosstad, Abbekerk; Ch. und S. Rohde; K. Englert, Stuttgart; A. Gempel, Kempten; K. Weiß, Wiesbaden; R. Bartling, HannoverA. Raab, Netphen; B. Drahl, Holm; F. Schall, Düren; E. Irl, Zorneding; M. Lang, Ehingen; Ch. Born, Gütersloh; E. Kurth, Bremen; J. Mülller, Umkirch; J. und J. Körnlein, Cadolzburg; H.-G. Schmitz, Koblenz; D. John, Wolfsburg; W. Sepp, Bibertal; W. Zimmermann, Kaufungen; Astrid; D. Henke; F. Becksteiner, Linz; C. und D. Kienzlen, Stuttgart; B. und M. Kuhn, Däniken; B. und E. Bär, Heilbronn; B. Dankl, München; F. Illenberger, Frankfurt/Main; W. Affeln, Hamburg; L. Fehrenbach, Simonswald; S. Und R. Heubuch, Haldenwang; P. Klein, Bodenheim; Th. Bubenzer, Aschaffenburg; W. Weiss, Heiningen; H Graupner, Wien; G. Heka, Marl; U. Jenß, Hildesheim; M. Gewalt, Vierkirchen; R. Dietz, Lenting; E. Diemer, Hofstetten; R. Meyer-Rix, Hamburg; F. Burkhardt, Arlesheim; M. Brunheim, Obereschach; B. u. A. Herrmann, Heimberg; H.D. Böhme, Krumbach; G. Zimmermann, Eltville/Rhein; E. Geiger; S. Kotrus; W. Kuhn; H. P. Wyssmann, Jegendorf; A. Stegmaier, Riedlingen; N. Schaffland; P. Feeg; P. Müller, Niedernzwil; I. Mack; M. Kreis, Germering; S. u. U. Winkelhagen, Fröndenberg; K. Hass, München; M. Pax, Geretsried; I. Friedemann, Freiburg; K.H. Niebel, Rottweil; U. Stelzig, Aurich, E. Schulze, Voihinger, B. Samwald, Hainfeld; A. Kreft, Freiburg; R. Joos; H. Wiegler, Schwalbach; C. Grill,eurobike; M. Mayer,Waldstetten; W. Veit,Gomaringen; W. Ester,Dortmund; E. Biedenbach,Kaufungen;I.Hummel, Tamm; J.Seibold, Baierbrunn;W. Froese, Rösrath; P. Jansen, Bergheim; H. Stradtner, Nürnberg; R. Brünencamp, Düsseldorf; G. Friedrich, Friedberg; M. Sauer,Petersberg; Gh Gigl, Neustädt/Donau; I. Menzel, Erlangen; H. Schwarz,Rielasingen; A. Steeb, Nersingen; K. Koeppen, Dornhan; M. Heitmann, Bonn; F.X. Schön, Passau; J. Kidaisch; M. Fausel; S. Kunz,Mühlheim; M. Klapprott, Marxheim; E. Peters, Duisburg; D. Pascale; H. u. J. Seider, Berlin; I. u. B. Wieseler, H. Fraunhofer; G. Margreiter, Wien; I. Kaiser, Bad Tölz; I. Köllner; I. Kühn, Gundelfingen; H. Kolbe; M. Burkhardt; J. u. J. Kolze, Lörrach; K.-D. Fanta, Dornhan; A. v. Chrzanowski, Kaarst; E. Roller; B. Lüthje, Kiel; B. Wetzel, Berlin; G. u. S. Buss; O. u. C. Klepper, Darmstadt; A. u. H. Stangl, Penzing; G. Eichinger, Aesch; K. Kuhn, Hamburg; H.D. Böhme, Krumbach; K.u. U. Feller, Thun; Fam. Buchner, Hofkirchen; J. Hlinka; M. Roßberg, Hamburg; S. Steinbeiß; Dr. H. u. E. Trasch, Ludwigshafen; U. Struck, Bonn; A. u. A. Bergemann, Trittau; I. u. U. Krebs, Neumünster; M. Stroh, Dreieich; Dr. K. Heidler, Freiburg; E. Laaber, Haugsdorf; M. Guzniczak u. M. Höfer, Leipzig; H. Losse, Agathenburg; M. Käppeli, Chur; K. Peinelt-Jordan; W. Eisenlohr; M. Sturm, Ilbesheim; M. Molzahn, Weisenheim am Berg; T. Weinert, Köln; A. u. R. Gesell, Kirchenlamitz; B. u. H. Grüneberg, Braunschweig; E. Zappe, Elmshorn; K.-H. Wenglewski; J. u. R. Bieri; C. Schwarzer, Stuttgart; H. Spörl, Naila; C. Müller, Bamberg; G. Maier, Balingen; H.-W. Mertens, Mülheim; C. Fleischmann, Zürich; D. Fuchs; H. Rogge, Karlsfeld; A. Zeiter, Darmstadt; I. Rößler, Heidelberg; R. Wagner; M. Geist; E. Stefan; A. Newton; U. Bertz; E. Hoppius, Dorsten; M. Kustos, Germering; N. Staub, Eimeldingen; W. Bitzer; R. Ritter, Tiengen; S. Rieser, Mönsheim; W. Schultze, Wiesbaden; H. Fiala; R. Meßling; R. Schuen; G. Bekemeier; C. Sauer; O. Kantorek; M. Klaus; G. Riegger; W.Sitzler; R. Leuschner; C. Kirchmaier; B. Dewitz; N. Theurer; E. Fehse; C u. S. Wetzel; H. Furmann; W. Hett; W. u. W. Hornung; r. u. L. Schilderman, Bad Bentheim; H.-G. Thoermer, Köln; P. Schnitzer; C. Sommer; D. Persian; H. Stüssi; B. Schmitz; Posthumus, St. Gallen; T. Ullmann, Bollstadt; C. u. D. Ohlrogge, Marxzell; D. Steuerlein, Erlangen; M. Klein, C. Finck, Stuttgart; M. Staiger, Reutlingen; Alexandra Stolz-Osazuwa; Martin Kunert; Silja Pfäfflin; Ulrich Eger, Graben-Neudorf; Günther u. Inge Hetzel; Christina Fischer, München; Steffen Wachaja; Erika Knese, Friesenheim; Markus Simon; Dietlinde Cross, Ettlingen; Achim Wohnhaas;

Ortsindex

Die Seitenzahlen ab S. 138 beziehen sich auf das Übernachtungsverzeichnis.

A
Allmendingen	50,144
Allmendshofen	139
Altheim	40,142
Altisheim	80,149
Arnegg	52
Asbach-Bäumenheim	149

B
Baach	143
Bach an der Donau	114,154
Bad Abbach	104,152
Bad Gögging	96,151
Bechingen	42
Berg	143,149
Bertoldsheim	82,150
Beuron	28,140
Binzwangen	39
Bittenbrunn	150
Blaubeuren	50,144
Blaustein	54,144
Blindheim	77,148
Blochingen	142
Bogen	120,155
Breitenweinzier	155
Bruck	82
Bubesheim	146

D
Datthausen	44
Daugendorf	42
Deggendorf	122,155
Deisenhofen	148
Demling	154
Denzingen	146
Dettingen	48,143
Dietfurt	141
Dillingen a. d. Donau	74,148
Donaueschingen	17,139
Donaurieden	145
Donaustauf	112,154
Donaustetten	56,145
Donauwörth	78,149
Dünzing	94,151

E
Echenbrunn	72,147
Ehingen a. d. Donau	48,144
Eining	96,151
Ennetach	36,142
Erbach	56,145
Erlingshofen	149
Ersingen	54,144
Ertingen	39,142

F
Faimingen	72
Frengkofen	114
Fridingen an der Donau	27,140

G
Gaishofen	156
Geisingen	20,139
Gerhausen	52
Gögglingen	146
Graisbach	80
Gremheim	77,149
Griesingen	54,144
Grimmelfingen	146
Großmehring	92,151
Grünau	86
Grüningen	142
Gundelfingen an der Donau	70,147
Günzburg	66,146
Gutenstein	31,141
Gutmadingen	139

H
Haardorf	128
Hals	157
Hatzenhofen	82,150
Hausen	148
Hausen im Tal	30,141
Herbertingen	38,142
Herrlingen	144
Herrnsaal	152
Hintschingen	20
Höchstädt an der Donau	76,148
Hofkirchen	126,155
Hundersingen	38,142

I
Ihrlerstein	152
Immendingen	20,139
Ingolstadt	88,150
Innstadt	157
Inzigkofen	31,141
Irring	156
Irsching	151

K
Kelheim	100,152
Kiefenholz	114
Kirchen	143
Kirchen-Hausen	139
Kirchroth	154
Klingenstein	54
Kößnach	114,154
Künzing	128,155

L
Laisacker	150
Laiz	32
Langenbrunn	141
Langkünzing	128
Lauingen (Donau)	72,147
Lauterbach	149
Lechsend	82
Leipheim	64,146
Leitheim	80
Lengfeld	152
Loh	124

M
Mariaposching	121,155
Marxheim	82,150
Matting	105,152
Mengen	36,142
Menning	151
Metten	121,155
Möhringen	22,140
Möhringen Vorstadt	140
Mörslingen	148
Mühlham	128
Mühlheim an der Donau	26,140
Munderkingen	47,143

N
Nasgenstadt	54,144
Neidingen	30,141
Nendingen	26,140
Neßlbach	155
Neuburg an der Donau	84,150

Ortsindex

Neudingen 139
Neufra 142
Neustadt an der Donau 94,151
Neu-Ulm 63,146
Neufra 40
Niederaltteich 124,155
Nordheim 149

O
Oberdischingen 144
Oberelchingen 64,146
Obermarchtal 44,143
Offingen 70,146
Öpfingen 54,144
Osterhofen 128,155

P
Passau 132,156
Petersworth 70,146
Pfaffenhofen 149
Pfelling 120,155
Pfohren 18,139
Pförring 94
Pfuhl-Offenhausen 146
Pleinting 130,156
Poikam 104,152
Pondorf 114

R
Rechtenstein 46,143
Regensburg 105,152
Reibersdorf 120,155
Reisensburg 68
Rennertshofen 150
Rettingen 78
Riedensheim 82
Riedheim 146
Riedlingen 40,41,142,149
Rottenacker 47,143

S
Sandbach 156
Sarching 154
Scheer 34,142
Schelklingen 50
Schwenningen 78,149
Sigmaringen 32,141
Sigmaringendorf 34,142
Sinzing 152
Sittling 96
Sonderheim 77,148
Sossau 114
Staubing 96
Steinheim 148
Stepperg 82,150
Stetten 26,27,140
Straubing 116,154

T
Tegernheim 112,153
Thalfingen 64,146
Thiergarten 31,141
Thundorf 128
Tuttlingen 24,140

U
Ulm 57,145
Unlingen 143
Unterelchingen 64,146
Untermarchtal 46
Untersaal 104

V
Vilshofen 128,130,156
Vilsingen 141
Vohburg an der Donau 92,151

W
Wackerstein 94,151
Waltendorf 155
Weichering 86,150
Weißingen 64
Weltenburg 96,151
Wiblingen 56,146
Wiesent 154
Wildenstein 141
Windorf 132,156
Winzer 124,155
Wolpertstetten 148
Wörnitzstein 149
Wörth an der Donau 114,154
Wurmlingen 140

Z
Zell 42
Zimmern 139
Zirgesheim 80,149
Zusum 78,149
Zwiefalten 44,143
Zwiefaltendorf 44,143